Johanna Baltz

Musikantengeschichten

Vom Jahre des Heils 966 bis auf den heutigen Tag

Johanna Baltz

Musikantengeschichten
Vom Jahre des Heils 966 bis auf den heutigen Tag

ISBN/EAN: 9783743658769

Hergestellt in Europa, USA, Kanada, Australien, Japan

Cover: Foto ©ninafisch / pixelio.de

Weitere Bücher finden Sie auf **www.hansebooks.com**

Musikantengeschichten

vom Jahre des Heils

966 bis auf den heutigen Tag.

Von

Joh. Baltz.

Das Mitnehmen

dieses Bandes

ist nicht gestattet.

Düsseldorf

Verlag von Felix Bagel.

„Laß nur zu Deines herzens Thoren
Der Pfingsten vollen Segen ein!
Getrost! und Du wirst neugeboren
Aus Geist und Feuerflammen sein!"
(Geibel.)

Der Pfingsten voller Segen! Kann er reicher, erhebender, herzerfrischender strömen als dorten, wo man zur Feier des „lieblichen Festes" der holden Frau Musika einen Tempel errichtet, wo ihre berufensten Diener bereit sind, in diesem Tempel den Opferdienst zu versehen, und damit Tausenden die Quellen herrlichen Genusses zu erschließen? — An Baum und Strauch schwellen die Knospen; wenn sie zu jungem Maiengrün sich erschlossen haben, wenn die Kirschblüthen schneeweiß leuchten und die Blüthen am Apfelbaum wie vom Abendroth angestrahlt schimmern, dann öffnet die reizende Künstlerstadt Düsseldorf weit ihre Thore und ladet Künstler wie Kunstfreunde ein zur Feier der Pfingsten, zu einem ihrer weitberühmten Musikfeste.

Dann singt und klingt es überall; in das Lied der Nachtigall, in das Frühlingsgetriller der Lerchen mischen sich viel süße Töne aus Menschenkehlen. Dann duften die Syringen, dann leuchtet des Goldregens Blumenpracht, dann murmeln melodisch die Wasser des Springbrunnens im Garten der „Tonhalle", und die Kastanien entzünden zahllose Blüthenkerzen zur festlichen Illumination. 'Ein Wogen und Treiben, ein buntbewegtes Leben entspinnt sich, wie man es selten sieht, denn Gäste aus aller Herren Ländern lockt das Fest herbei; das lacht und jubelt, plaudert, begrüßt sich, freut sich auf den Augenblick, der die Pforten des Kunsttempels erschließt. Das treibt selig dahin auf den bewegten Wellen der Freude, und Alle umfängt jene wonnige, begeisterte Feststimmung, wie der Dichter sie in dem Liede ausklingen läßt:

> „Tausend Stimmen lockend schlagen,
> Hoch Aurora flammend weht. —
> Fahre zu, ich mag nicht fragen,
> Wo die Fahrt zu Ende geht!!"

Schon heute werden die umfassendsten Vorbereitungen zu dem Feste getroffen; das Comité hält seine Sitzungen, unterhandelt mit Componisten wegen neuer Compositionen, mit Künstlern und Künstlerinnen wegen deren Wiedergabe. Die Zeitungen tragen kleine Notizen in die Welt hinaus und verrathen Allerlei über die zu erwartenden musikalischen Wunderdinge; kundige Baumeister berathen über eine zweckmäßige Vergrößerung des Concertsaales, Maler über die zierlichste Art der Decoration.

„Tausend fleiß'ge Hände regen" sich bald, um alles Ersonnene und Geplante ins Werk zu setzen.

Sei es darum auch uns vergönnt, zu den Festvorbereitungen ein bescheidenes Scherflein beizutragen, indem wir die Gemüther der Musikfreunde durch einen Rückflug in die singende und klingende Vergangenheit auf die singende und klingende Gegenwart vorbereiten, indem wir ihnen zeigen, wie Frau Musika durch ferne Jahrhunderte bis auf unsere Zeit in Düsseldorf gewaltet hat. Aus manch uraltem Buche, aus manch verstaubter Pergamentrolle sind unsere Nachrichten zusammengetragen; oft galt es, einen Wust von Gelehrsamkeit durchzustudieren, um zu dem darin versteckten Körnlein Kunst zu gelangen, oft so viele Dornen hinweg zu räumen, wie weiland das schlummernde Dornröslein umfingen, um die davon umsponnene Rose zu brechen, oft den grauen Schleier der Frau Sage zu lüften, um das Silbergespinnst an ihrem

Rocken zu entwirren, bis es uns willig seine leitenden Fäden überließ, die uns den Weg zeigten in das alte Wunderland.

„Betet für die armen Schreiber!" so stand an dem Schlusse manch eines mittelalterlichen Manuscriptes, das uns seine Geheimnisse verrathen mußte; wir setzen an den Anfang des unsrigen: „Seid uns freundlich gesinnt und schenkt unsern Aufzeichnungen Eure Gunst!"

Dämmerung.[1]

❧

„Was einsam ich am Rocken sinn' und dichte,
Glänzt silbern im Geweb' der Weltgeschichte."

(Die Sage.)

In der südwestlichen Ecke des Keldach-Gaues, da wo der nörd-
liche Arm der Düssel in den majestätisch dahinfluthenden
Rhein mündet, liegt eine Ansiedelung. Die Häuser sind aus
Lehm gebaut, mit Stroh und Moos gedeckt, aber sie gewähren einen
freundlichen Anblick durch ihre Sauberkeit, durch die umschattenden Linden,
welche die kleine Kolonie dicht umstehen, als hätten sie dieselbe in ihren
besonderen Schutz genommen.

Einer dieser prächtigen Bäume richtet sich stolzer noch auf, wie die
übrigen, und breitet seine blüthenschweren Zweige weithin aus zu einem
schützenden Dache. Ein großes Kreuz, aus Holz gefügt, lehnt sich an den
Stamm des Baumes, Zeugniß ablegend für die Lehre Christi, anno
domini 695 durch den frommen Suitbert, welcher auf der nicht weit
entfernten Rheininsel ein Kloster baute, in diesen Gauen verkündigt.

Fast dreihundert Jahre sind seitdem vergangen, man schreibt das
Jahr 966.

Es ist ein warmer Frühlingsabend, der Abend vor dem Osterfeste;
der Wind bewegt leise die knospenden Lindenzweige und trägt auf seinen
Flügeln Gebete himmelan. Die christliche Gemeinde der kleinen Ansiedelung, welche sich Duisseldorpe — das Dorf an der Düssel — nennt,
hält vor dem Kreuze eine Abendandacht. Ein ehrwürdiger Mönch liest
seinen Zuhörern die Leidensgeschichte des Heilandes vor; er schließt mit
einem inbrünstigen Gebete. „Miserere!" so tönt es feierlich; und mit
leisem Murmeln wiederholen die Andächtigen: „Miserere!"

Bald ist der Platz unter der Linde leer; nur zwei Frauen sind
zurückgeblieben; die Eine, dunkeläugig, Richenza genannt, lehnt ihre

kräftige Gestalt an den Stamm des Baumes und blickt mitleidig zu der schlanken blonden Freundin nieder, welche sich müde auf das Holzbänklein vor dem Kreuze niedergelassen und ihren vierzehnjährigen Knaben neben sich auf den Sitz gezogen hat.

„Wie blaß Du schaust, Gepa, und wie traurig! Lange, lange ist's her, seit ich Dich lächeln sah," spricht Richenza.

„Wundert Dich's? Blicke nur meinen Knaben an, und Du wirst meine Trauer begreiflich finden! Blind sein, blind! Welch schreckliches Geschick! Nicht die Sonne schauen, wenn sie strahlend den Westen ver= goldet, nicht den Frühling, wenn er neu die Fluren schmückt! O Ezzo, mein Knabe, mein armer Knabe!" Sie brach in Thränen aus. Sinnend blickte Richenza in die Ferne; endlich sprach sie:

„Ich weiß nicht, Gepa, ob ich recht thue, wenn ich Hoffnungen in Dir erwecke, die sich vielleicht nicht verwirklichen; Dietrich, mein strenger Gatte, warnte mich zudem, mein Erlebniß Dir mitzutheilen. Dennoch wag' ich's, denn Dein Jammer zerreißt mir das Herz; höre, was sich begab: Du weißt, ich war zu meiner Schwester nach Gerichsheim [2]) gewandert, sie im Klösterlein zu besuchen; es blühet fröhlich empor, seit der Erzbischof von Köln die Kirche neu baute und beschenkte. Die neue Abtissin, die Nachfolgerin der frommen und heiligen Lantswinda, nahm mich gütig auf und gestattete den Laienschwestern, nach dem Gottesdienste zum Gerichsbrünnlein mich zu geleiten. Als wir dort plaudernd saßen, kam ein wunderlicher Zug vorbei: mehrere krank und elend aussehende Männer, zwei bleiche Frauen und ein Häuflein armseliger Kinder; sie sangen mit lauter Stimme Danklieder und lobten Gott. Auf unser Befragen gaben sie uns Bescheid, daß sie alle krank gewesen zum Sterben, Einige blind, lahm der Eine, stumm [1] die Andere, und daß sie durch ein Wunder in der Kreuzkapelle, [3]) die nicht gar weit von hier am Rheine steht, geheilt worden seien. Allsogleich gedachte ich Deines Ezzo, und ob nicht auch er dort das Licht der Augen finden möge."

„Also ist's wahr, Richenza, was mir der Kirchenhüter von Bilk [4]) gestern zutrug? Ist's wahr, daß in der Kreuzkapelle ein heilkräftig Marienbild waltet?"

Richenza nickte. „Es hat eine wundersame Bewandtniß damit," antwortete sie. „Du weißt, daß Kaiser Otto mit den Fürsten seines Reiches in Duisburg [5]) weilt und allda mit größem Glanze Hof hält. In seinem Gefolge nun befand sich ein blinder Mönch aus dem Kloster St. Gallen in der Schweiz, ein Schüler des berühmten und hochgelehrten

Paters Notker Balbulus.⁶) Von Letzterem hat der Blinde die Kunst der Musik und des Gesanges gelernt. Am heiligen Passionssonntage geleiteten sie ihn in die Kreuzkapelle; da warf er sich vor dem Marienbilde auf die Kniee und sang mit einer herzrührenden Stimme ein frommes Lied, welches sein Musikmeister Notker gedichtet und in Musik gesetzet, und welches also beginnt: »Gaude Maria, maris stella!« Während er so sang, lösten sich die Nebelschleier von seinen Augen und er wurde sehend. Seitdem strömen die Kranken von nah und fern zur Kapelle; während sie betend vor dem Bilde der jungfräulichen Mutter knieen, erklingt des Mönches Gesang, und Gnade und Heil strömt auf die Bittenden hernieder."

Auf Gepa's Antlitz wechselten die Farben, ihr Athem ging schnell in steigender Erregung. Bebend ergriff sie die Hände der Freundin: „Und glaubst Du, daß auch für meinen Ezzo dort Rettung zu finden sei?"

„Gewißlich, so Du mit Vertrauen betest! Wenn am Ostertage die Vesper zu Ende ist, so sagten uns die Pilger, wird der fromme Mönch wieder der Jungfrau Lob singen; dann wollen wir mit Deinem Knaben dort unter den Hülfesuchenden knieen."

Gepa nickte und streichelte des Kindes weiche Locken. Ezzo war während des Gespräches der beiden Frauen auf die Erde niedergeglitten, hatte sich, umherkriechend, Steine zusammengesucht, und mit der den Blinden eigenen Feinfühligkeit diese geschickt zu einem Baue aufgeschichtet. Daß er dabei aufmerksam dem Gespräche gelauscht, bewiesen seine Worte: „Mutter, und wenn ich geheilt bin, die Sonne sehen kann und die Frühlingsblumen, dann baue ich hier gleich eine Kirche, größer und schöner, als man je eine gesehen am Rheinstrome!" —

Es war am Nachmittage des zweiten Ostertages. Das Innere der Kreuzkapelle bot einen wundersamen Anblick; das Kirchlein war mit den Gaben des Lenzes überreich ausgeschmückt. Junge Buchenzweige, aus denen das erste Grün hervorbrach, zierten die Wände; Schlüsselblumen und Anemonen, zu Kränzen gewunden, zeigten überall ihre lachenden Köpfchen, und verschwenderisch waren in Schalen und Krügen auf den Altären Veilchen aufgestellt, deren süßer Duft sich mit den Weihrauchwölkchen mischte, die sich langsam emporkräuselten.

Die Vesper war zu Ende und die Kapelle fast leer, denn dem Gerücht zuwider, hatte schon am Morgen eine Krankenheilung stattgefunden. Vor dem Marienaltare knieten die beiden Frauen mit dem blinden Knaben, in stille Andacht versunken.

Ungesehen von ihnen, tief im Dämmerlicht des Thurmbogens, lehnte Lambertus, ein alter Mönch; er hielt die Rota [7]) im Arm, und als er ihr jetzt mit dem Bogen süße Töne entlockte, da war es, als sängen Lerche und Nachtigall und als musicirten alle Engelein mit. Dann erhob er seine Stimme und voll des süßesten Wohllautes schwebte die Ostersequenz des frommen Notker von St. Gallen, „Laudes Salvatori", zum Himmel empor.

Den Frauen zitterte das Herz in der Brust, und Richenza, die stets Heitere, brach in Thränen aus bei diesen Klängen.

Der Musicirende war mit sich und dem Himmel allein, er träumte sich vielleicht zurück in das stille Alpenkloster, wo ihm außer dem ewigen Paradiese auch das selige Reich der Töne sich erschlossen. Er ging mit einer prachtvollen Modulation in das Oster-Marienlied über: „Laetare et gaude, o Maria!" Die rothschimmernden Strahlen der Abendsonne stahlen sich durch die Kirchenfenster, und als sie auf das Marienbild fielen, da war es, als verkläre ein Lächeln das Antlitz der Hochgebenedeiten und als nicke sie leise Gewährung.

Das letzte „Alleluja" verklang, da durchschnitt ein scharfer Schrei die Luft; „ich sehe!" schrie Ezzo, „ich sehe! Das ist die Sonne, von der ihr mir gesprochen, das ist das Antlitz der Himmelskönigin und das — das ist meine Mutter!" —

Aber Gepa war vor dem Altare ohnmächtig zusammengesunken.

Jahre waren vergangen; Ezzo war seinem Worte getreu ein tüchtiger Baumeister geworden. Sein erstes Werk war die Kirche, welche er in der Ansiedelung im Kelbachgau, Düsseldorf genannt, baute. Der fromme Sänger Lambertus von St. Gallen mischte seine Stimme längst in den Gesang der Engelchöre. Doch als Ezzo's Bau vollendet war, ließ er die Gebeine des Mönches dort beisetzen und man nannte das Gotteshaus Lamberti-Kirchlein. [8])

II.
Die Geisterharfe.

❧

„Du waidlicher Meister Irregang,
Sag' an, wo bist Du geblieben?
Die Flocken fliegen in wirbelndem Drang,
Stäuben zusammen und zerstieben!"

(Scheffel.)

Das war ein harter Winter im Jahre des Heils 1189! Der Schnee lag nun schon wochenlang und dabei fror es in den Nächten, daß eine Eisdecke den Rhein bedeckte und sogar die viel rascher fließende Düssel, welche sich sonst lange genug gegen den Winterbann sträubte, fest zugefroren war.

In Duisseldorpe, in einem wohnlichen, großen Hause, prasselte ein mächtiges Feuer auf dem Heerde, zuckende Lichter durch das trauliche Gemach strahlend. Ueber eine Pergamentrolle gebückt, kauerte ein Knabe von siebzehn Jahren am Boden und suchte beim Feuerschein seine Schriftzüge zu entziffern. Ihm gegenüber im Lehnstuhl saß der Gebieter des Hauses, Herr Arnold von Tiverne. Er nannte nicht nur das Haus sein eigen, sondern ihm gehörte auch der Grund und Boden, auf welchem das Dörfchen stand. Seitdem er aus dem Kreuzzuge heimgekehrt war, lebte er in Düsseldorf in dem alten Hause, das sein Großvater hier erbaut hatte.

„Franko, Franko," rief Herr von Tiverne jetzt mißbilligend, „laß Dir nicht vom Lichtschein die Augen blenden! Ich meine schier in jedem Augenblicke, die Flamme müsse an Deinen Locken emporzüngeln und Dich verbrennen! Was kümmern Dich denn die alten Schriftzeichen, die Du kaum verstehst?"

„Kaum verstehst? Aber Ohm!" rief der Knabe verwundert; „Du weißt doch, all mein Sinnen und Trachten, all mein Lernen und Denken ist nur auf Solches gerichtet. Tagelang sitze ich zu Hause über solchen Zeichen, ja ich bin glücklich, wenn ich ihrer etliche erobern kann. Kürzlich, denke nur, gab man mir das »A solis ortu« zum Entziffern. Unser berühmter Rudolph von Deutz[3]) hat mir gesagt, daß es ein Klagegesang auf den Tod des großen Kaisers Karl sei, und daß man es nach seinem Sterben unter tausend Thränen und Seufzern allerorts gesungen habe. Ich aber habe es ganz deutlich verstanden und nach dem Wunsche des gelehrten Mönches übertragen."

Tiefer beugte er sich über das Pergament, und eine feine Röthe überzog seine Wangen; der Eifer trieb ihm das Jugendblut rascher durch die Adern.

Eine Weile herrschte Schweigen im Gemache. Plötzlich erklang es wie von einem wunderbaren Getön; wie Saitenspiel tönte es und wie wehklagende Menschenstimmen dazwischen. Mit einem Schreckensrufe sprang der Ritter von Tiverne empor; Franko drängte sich an ihn. „Um Gott, Ohm, was ist's? Wer spielt so schön und so herzbewegend in Deinem Hause die Harfe?"

Herr Arnold stieß den Knaben ungestüm von sich; „still!" flüsterte er heiser. Zehn Minuten lang währte noch das geheimnißvolle Spiel, dann brach es mit einem Wehelaute ab.

„Wer spielte da?" fragte Franko wieder; „Oheim, sagt mir's, ich muß es wissen!"

„Ritter Arnold hatte seinen Platz wieder eingenommen; er stützte den Kopf in beide Hände und schaute ernst sinnend vor sich nieder. „Horch auf, Knabe, ich will Dir erzählen, was mir schon oft den Sinn beschwert hat. Du bist klug über Deine Jahre, bist der Kunst der Musika ergeben und befähigt, in jenen alten Schriften zu lesen. Alles dies giebt Dir vielleicht ein Anrecht auf meine Erzählung.

Mein Vater lebte und schaltete in diesem Hause, meine Mutter war todt und ich ein Bürschlein von zwölf Jahren. Da — es war an einem unbarmherzig kalten Winterabende, just, wie es der heutige ist — da pochte es ungestüm an unsere Pforte. Als wir öffneten, stand ein zum Tode erschöpfter Mönch draußen und bat um Aufnahme. Wir ließen ihn ein; am nächsten Tage war er noch zu krank, um weiter zu wandern, und mein Vater gab ihm Unterschlupf. Er erholte sich am warmen Feuer und gegen Abend war er so gekräftigt, daß er aus seinem Mantelsack eine kleine Harfe entnahm und uns darauf die herrlichsten Weisen spielte. Auch packte er mehrere Pergamentstreifen aus — jener, in dem Du heute so eifrig studirt hast, war darunter — und las und schrieb uns unbekannte Ziffern. Als der Abend des zweiten Tages kam, bat mein Vater ihn, zu berichten, wie er in diesem schwachen Zustande sich habe auf eine Reise begeben können. Der Fremde lächelte geheim= nißvoll. Als aber mein Vater in ihn drang, sagte er: »Schaut, edler Herr, wir Mönche sind Diener des Friedens, dennoch geht es auch bei uns nicht immer friedlich her! Wer seine Anschauungen aufrecht halten will, nun, der kann nicht ohne Kampf und Streit bestehen. Ich bin ein Musiker; die Pflege des Kirchengesanges ist mein Amt. Nach bestem Wissen habe ich Verbesserungen angebracht, wo immer es anging, aber dabei nicht die Billigung meiner Genossen gefunden. Meine Neuerungen fanden heftige Widersacher; es kam zu erregten Auftritten und schließlich — vertrieben sie mich aus dem stillen Kloster zu Pomposa, das nicht weit von Ravenna in Italien liegt. Seitdem irre ich nun in der Welt umher —«

Die Worte des Mönches wurden durch laut hallende Schritte unter= brochen, und hastig die Thür aufstoßend, trat meines Vaters Bruder, der Prälat in Kaiserswerth war, in's Gemach.

»Weißt Du, wen Du beherbergst?« schrie er; »einen ungetreuen Priester, einen Mönch, den sie aus dem Kloster gejagt haben!«

Ruhig erhob sich der also Verklagte. »Verzeiht, Herr Prälat, Ihr seid falsch berichtet! Niemand darf mich einen ungetreuen Priester nennen! Die Streitigkeiten, in welche ich verwickelt bin, betreffen nur die Hand= habung des Kirchengesanges.«

»Nur die Handhabung des Kirchengesanges?« unterbrach wiederum der Prälat.

»Meine Neuerungen sind Verbesserungen!«

»Seid Ihr gar so klug, klüger wohl gar, als unser heiliger Vater, Pabst Johann XIX.? Doch was streite ich mit Euch! Beantwortet mir nur eine Frage: seid Ihr aus dem Kloster Pomposa vertrieben worden oder nicht?« —

»Ja!« —

»Weiteres haben wir nicht zu wissen! Verlaßt sofort dieses Haus!«

»Aber, Bruder, er ist schwach und krank,« wagte mein Vater vorzustellen.

»Was kümmert's uns? Er hat das Glück verscherzt, in Gesellschaft ehrenvoller Männer zu verweilen. Bleibt er noch länger, so wird der Bann über Dein Haus ausgesprochen!«

Der Fremde erhob sich mühsam; er richtete einen fragenden Blick auf meinen Vater, aber dieser schüttelte den Kopf und wandte sich ab. Da raffte er seine Pergamente zusammen und verließ das ungastliche Haus, welches ihn vertrieb, wie ihn das Kloster vertrieben hatte. Jener Pergamentstreifen blieb zurück und die kleine Harfe. An manchen Abenden aber tönt sie plötzlich, als ob eine Meisterhand sie spiele, und es klingt dazu wie Wehegesang. Seit meinen Kinderjahren bin ich niemals länger auf dieser unserer Besitzung gewesen, höre also in diesen Wochen zum

erften Male die Geifterharfe. Und ich fage Dir, Franko, ich vermag
ihr Getön nicht zu ertragen! Stets fehe ich den todtenblaffen Mönch
vor mir, der von unferer Schwelle verjagt wurde, und der wohl in der
fcharfen Winterkälte umkam, den der Schnee begrub!"

Franko ftürzte in höchfter Erregung auf den Ritter zu; feine Hände
ergreifend, rief er: „Nein, Ohm, nicht geftorben ift er an jenem rauhen
Winterabende, nicht begraben im Schnee! Gott erbarmte fich feiner!
Welch eine wunderbare Fügung! Der Kranke war Niemand anders, als
Guido von Arezzo [10]), der berühmte Mönch, der große Mufikmeifter!
Er wurde aus Pompofa vertrieben, er irrte heimathlos im Lande umher,
er fchrieb den Micrologus de disciplina artis musicae, von welchem
jener Pergamentftreifen ein Bruchftück enthält. Daß mir's nicht gleich
auffiel! Mein berühmter Lehrer in Colonia hat mir's genau berichtet
und mich in Guido's Art eingeweiht. Wenn ich ein Mann bin — er
richtete fich ftolz empor — will ich fein Nachfolger werden und auf dem
von ihm Gefchriebenen und Erdachten weiter bauen."

„Und was weißt Du von feinen fpäteren Lebensfchicken? Was
giebt Dir die Ueberzeugung, daß er nicht in jener Schneenacht geftorben ift?"

Franko fchüttelte den Kopf. „Er erfror nicht; das Feuer in feiner
Seele war noch nicht erlofchen; das hielt ihn aufrecht, und nach vielen
Mühfalen kam er in feine Vaterftadt Arezzo zurück. Die Verfolgungen
und die Ueberzeugung von der Richtigkeit feiner neuen Gefangsmethode
erhöhten nur feinen Eifer und er errichtete in Arezzo eine Mufikfchule.
Da berief ihn der Pabft, welcher fich perfönlich von feinen Fähigkeiten
überzeugen wollte, nach Rom. Er legte dort Johann XIX. ein nach feiner
Methode verfaßtes Antiphonar vor und befähigte den Pabft dadurch, in
einer einzigen Audienz richtig vom Blatte zu fingen. [11] Dadurch von
der Richtigkeit der Guido'fchen Methode überzeugt, zeichnete Johann ihn
auf jede Weife aus, und er wurde mit großen Ehrenbezeugungen in's
Klofter zu Pompofa zurückgeholt, wo er nun feine weiteren großen Werke
über die edle Gefangeskunft fchrieb."

Arnold von Tiverne war in tiefes Nachdenken verfunken; endlich
fagte er: „Zwar bin ich nun über das Schickfal des von uns Ver-
triebenen beruhigt, aber ich kann doch nimmer vergeffen, was ihm in
diefem Haufe gefchah! Müßte ich öfter das Tönen der Geifterharfe
hören, die ich, als eine fo werthvolle Reliquie, nicht zu zerftören wage,
ich würde krank und fiech werden, ich, ein Ritter, der fo manchen Kampf
beftand. Höre, Franko, was ich thun will. Längft hege ich das

Verlangen, dem Grafen Engelbert vom Berge näher zu treten — ihm will ich mein Besitzthum in Duißeldorf übergeben, vielleicht gestattet er mir dafür, sein Hausgenosse und Waffenbruder zu werden, wie ich es lange ersehnt habe!"

Und so geschah es. Arnold von Tiverne trat seine Erbgüter zu Düsseldorf an den Grafen Engelbert vom Berge ab; [12]) dadurch wurden die Grafen vom Berge Besitzer des Dorfes an der Düssel und sind es in den verschiedenen Dynastieen geblieben bis zur Auflösung eines selbstständigen Landes Berg.

Die Geisterharfe verschwand spurlos am Tage der Uebergabe des alten Hauses an einen neuen Besitzer; nie mehr ertönte ihr wehmüthiges Klagelied.

Und Franko? Wenn wir unsern Lesern verrathen, daß die Nachwelt ihn Franko von Köln [13]) nannte und ihn als den ersten deutschen Musikmeister pries, dessen Verdienste um die fortschreitende Erkenntniß der Gesetze der musikalischen Harmonie hochbedeutend sind, der ein berühmtes Werk schrieb: „Compendium de discantu", so werden sie daraus ersehen, daß der Jüngling, welcher in Düsseldorf die Spur Guido's von Arezzo wiederfand, als Mann die Absicht ausführte, welche er damals hegte: nämlich auf des italienischen Sangmeisters Methode und Lehren weiter zu bauen zu Nutz und Frommen der lieben Frau Musika. —

— o —

III.
Zur Zeit der Minnesänger.

🟊

„Aus der eignen Schönheit Fülle
Schuf Gott gewiß dies Frauenbild,
Und wollte mit der Demuth mild
Zieren ihre reine Hülle!"
(Guillem de Cabestaing III. 111.)

An einem sonnengoldenen Maitage war's, da feierte man zu Narbonne in Frankreich ein fröhliches Fest. Die schöne Marguérite von Cabestaing, berühmt als Preisrichterin der Minnehöfe, hatte alle ihre Getreuen herbeigerufen, um mit Gesang und Reigentanz den Regierungsantritt des jungen Maien zu verherrlichen. Unter den großen Linden im Schloßhofe war der Festplatz errichtet; Blumenkränze schlangen sich um die Stämme der herrlichen Bäume, und bunte Fähnlein flatterten lustig im Winde. Ringsum waren zierliche Balkone aufgeschlagen, von denen die Ritter und Damen das Fest überschauen konnten. Den prächtigsten Schmuck trug der Altan, welcher Marguérite und ihrem Gefolge zum Aufenthalte diente. Sie selbst strahlte in Schönheit, die durch einen kostbaren, mit Diamanten besetzten Anzug noch gehoben wurde. Das Diamant= gehänge in ihrem Haar fiel tief auf die weiße Stirn, und das Feuer der dunkeln Augen wetteiferte mit dem der Edelgesteine.

Dennoch wurde Marguérite's Schönheit übertroffen durch die jung= fräuliche Anmuth ihrer Begleiterin, der Gräfin Elisabeth, Tochter Otto's III. von Geldern. Elisabeth trug ein Gewand von weißem Sammet ohne jeden Schmuck; an ihrer Brust über der Perlschnalle, die den silber= schimmernden Mantel schloß, zitterte ein Strauß von Maiglöckchen. Das holdselige Gesichtchen der jungen Gräfin war blaß und ihre blauen Augen beschauten verwundert und groß aufgeschlagen das nie gesehene Schauspiel eines französischen Maienfestes. Daß sie selbst die Zielscheibe der Blicke war, ahnte sie nicht; sie freute sich unbefangen der sie umgebenden Pracht und wandte sich oft mit einem reizenden Freudenlächeln an den neben ihr an der Balustrade lehnenden Grafen Adolph von Berg, ihren jugendlichen Verlobten.

Trompetenstoß der Herolde verkündete den Beginn der Feier.

Zuerst traten die Jongleurs und Menetriers [14] auf; ihre zweifarbigen Mäntel schimmerten im Sonnenschein, und mit großer Geschicklichkeit die Vielle, Vielleuse, die Crout und das Violon spielend, vollführten sie eine fröhliche Musik, welche die Zuhörer mit Jubel und Händeklatschen begleiteten. Einige waren sogar von einem oder dem andern berühmten Troubadour damit betraut, ein Lied von ihm vorzutragen, waren aber so vorsichtig, die Warnung, die der Dichter an sie ergehen ließ, seine Worte recht zur Geltung gelangen zu lassen, auch zu singen, vermuthlich um dem Publikum größere Andacht, sich selbst die äußerste Aufmerksamkeit anzuempfehlen. Da klang es zum Beispiel so:

„Fillol si faitz vostra tor [15])
Az onor
Ben gardatz
Si gen l'obratz
Oue compliscatz
L'obra e no la desfasatz!"

was in unser geliebtes Deutsch übertragen ungefähr also lautet:

„Nun, Sohn, halt' gute Wacht!
Hab' Acht!

Laß Dich belehren:
Bring' mich zu Ehren,
Mußt gut erklären,
Daß Alle mir Lob gewähren!"

Die Pausen wurden mit heiterem Geplauder ausgefüllt; da flüsterte man sich Allerlei in die Ohren, erzählte sich, daß Gaubert von Puicibot aus dem Kloster entsprungen sei, weil er gar zu sehr das freie Sänger= leben liebe, man zischelte sich zu, wem das neue Liebeslied des Königs Thibaut: „L'autrier par la matinée" gelte, man scherzte und lachte, und mancher Blick aus schönen Augensternen flog während des Geplauders wie ein Pfeil in ein unbewachtes Herz.

Marguérite indessen vermochte nicht eine unruhige Spannung zu verbergen; zwischen ihre dunkeln Augen grub sich ein Falte, als sie das Getändel um sich her sah. Es verdroß sie, daß man an Anderes denken konnte, da doch von dem kommenden Augenblicke viel abhing.

Wir wollen die Spannung der schönen Minnekönigin [16]) erklären.

Unter den Weisen der Troubadours war plötzlich eine neue Dichtungs= art entstanden; ein Minnesänger Namens Adam de la Hale, im Dienste des Grafen von Artois, hatte ein Hirtengedicht, eine pastourelle [17]) verfaßt, welche dramatisch aufzuführen war, und welche der Graf von Artois verschiedentlich an seinem Hofe und auf seinem Zuge nach Neapel, wohin ihn der Sänger begleitete, mit glänzendem Erfolge zur Darstellung brachte.

Als Marguérite davon hörte, hatte es sie nicht schlafen lassen. Die schönsten Alba's (Taggesänge), die anmuthigsten Serena's (Abendlieder), die kühnsten Tournierweisen gefielen ihr nicht mehr, sie träumte nur von einer Pastourelle, und wie sie mit einer solchen den Ruhm Hale's und Artois' zugleich verdunkeln könne.

Da führte ihr der Zufall einen jungen Sänger in den Weg, dessen reizvolles Spiel, verbunden mit einer blendenden Erscheinung, ihre leicht erregte Phantasie gefangen nahm. Jean Esteve hieß er und war ein Waisenkind, von dem man nicht einmal wußte, ob es aus Narbonne oder Begiers stamme, ob es von hoher oder niederer Abkunft sei. Jeden= falls nahm Jean im Reiche der Kunst einen hohen Rang ein, und — bald auch im Herzen seiner schönen Gebieterin. Wer beschreibt Mar= guérite's Freude, als er ihr eines Tages verrieth, daß er ein Hirten= gedicht verfaßt habe, das den Titel trüge: „La reine de mon coeur." Sie ließ alsbald die umfassendsten Vorbereitungen treffen, um die

2

Pastourelle würdig in's Leben treten zu lassen. Ihre Knappen flogen auf windschnellen Rößlein durchs Land, um die vornehmen Ritter und Edelfrauen zu einem Maifeste einzuladen, und zu Narbonne sprach man bald nur von den Vorbereitungen zur Aufführung der „Reine de mon coeur".

Graf Otto von Geldern hatte eine Reise dazu benutzt, den Sohn des Grafen von Berg zu treffen und seiner lieblichen Elisabeth anzuverloben. Mit dem jungen Paar auf der Rückreise in die Heimath begriffen, folgte auch er sammt seinem Gefolge der Einladung Marguérite's, zu deren Feste wir nun zurückkehren.

Herolde mit weißen Stäben traten auf den Platz, der zur Schaubühne eingerichtet war, und kündeten den Beginn des Hirtenspiels. Die fröhlichen Töne der Sackpfeife ertönten vermischt mit denen der Theorbe, und die Bühne füllte sich mit anmuthig gekleideten Gestalten. Der Inhalt des Hirtengedichtes war folgender: Die Hirten und Hirtinnen flehen den Himmel an, endlich den Winter zu verjagen und ihnen den Mai zurückzugeben. Der Winter tritt noch einmal auf mit all seinen Schrecknissen, da erscheint der Maigraf und bekämpft im Zweikampfe den Winter, den er glorreich besiegt. Alle seine Vasallen erscheinen und er führt „la reine de son coeur", seine Maikönigin, in die lenzgeschmückte Welt.

Der Erfolg der reizenden Dichtung war ein ungeheurer; der Beifalljubel erbrauste immer von Neuem. Jean Esteve hatte selbst den „Maigrafen" dargestellt, und des Tücherschwenkens war kein Ende gewesen, als er am Schlusse folgendes Liedchen sang:

> [18]) „Der grause Winter ist besiegt!
> Herrin, — zu Deinen Füßen liegt
> Die lenzgeschmückte Welt.
> Dir gilt der Blumen Blühen,
> Dir gilt der Sterne Glühen
> Vom klaren Himmelszelt!
>
> Dir singt die süße Nachtigall
> Und weckt des Thales Wiederhall
> Mit lieblichem Gesang.
> Vom blüthenschweren Flieder
> Ertönen ihre Lieder
> So weich, so liebebang.
>
> Dir jauchzt mein Herz zu aller Stund'!
> Der Rose gleicht Dein rother Mund,

Dein Aug' dem Veigelein!
Laß mich darin versinken
Und Liebeszauber trinken,
Laß mich Dein eigen sein!

Der graufe Winter ist besiegt!
Triumphreich nun mein Banner fliegt —
Nimm Du den Sieger hin!
Dein harr' ich mit Entzücken,
Willst Du mich süß beglücken,
O Maienkönigin!"

Der glückliche Sänger stand vom vollen Glanze des Ruhms umflossen. Aber was war das? Marguérite schien sich des Sieges nicht zu
freuen; die finstere Falte hatte sich wieder tief zwischen ihre Brauen ein-
gegraben, als ruhe eine dunkle Wolke auf der weißen Frauenstirn, und
in den Augen funkelte es unheimlich. Was war ihr nur geschehen?
Die Liebe verschärft Auge und Ohr! Sie hatte gehört, daß Jean beim
Singen das Lied geändert, denn früher hatte Nichts von Augen „blau
wie ein Veigelein" daringestanden, hatte gesehen, daß beim Gesang sein
Blick unausgesetzt an Elisabeths Gestalt gehaftet, ja vielleicht sich in ihre
blauen Augen tief versenkt hatte. Sie hatte gehört, daß eine seltene
Innigkeit, wie sie sie früher nie in seinen Tönen wahrgenommen, im
Klange seiner Stimme bebte, hatte den tiefen Seufzer vernommen, mit
dem er am Schlusse des Liedes zum Balkone aufsah. Das war auch
der Augenblick, in welchem am Schlusse des Festspieles der Dichter und
Sänger den Minnedank zu erwarten hatte. Hastig ließ sie den Kranz
aus Lorbeer und Rosen zu Jean's Füßen niedergleiten, aber er bückte
sich nur sehr zögernd danach, einen ihm zugeworfenen Strauß aus Maiglöckchen hastig ergreifend und heiß an seine Lippen drückend.

Dann schritt er wankend die Stufen zum Balkone hinan, und
beugte, wie die Sitte es erheischte, vor Marguérite das Knie. Da geschah etwas Sonderbares: Sie hob die Hand, und dem Sänger einen
Backenstreich gebend, sagte sie: „Jean Esteve, Sieger im Kampfe, glor-
reicher, gekrönter Troubadour, mit diesem Ritterschlage ernenne ich Euch
für das heutige Fest zu meinem Minnediener!" Sie sprach's, aber der
heisere Ton ihrer Stimme, das zornige Funkeln ihrer nachtschwarzen
Augen gab ihrer Handlung eine andere Auslegung. Der Ritterschlag
war nichts Anderes gewesen als eine Ohrfeige!

Jean verstand sie nur zu gut; er wurde leichenblaß, aber trotzig
drückte er zum zweiten Male die Maiglöckchen an seinen Singemund.

2*

Da breitete sich Leichenbläſſe auch über Eliſabeths zarte Züge; Graf Adolph hatte ihren Arm erfaßt, er preßte feſt das zarte Handgelenk wie in einer eiſernen Schraube. Aber was half's? Eliſabeth wankte und ſank lautlos zu Boden, von tiefer Ohnmacht umfangen. — — — —

Jahre vergingen. Jean Eſteve, der ſich ſo ſchnell und in ſo jungen Jahren zum Ruhme emporgeſchwungen, war verſchollen. Die Ohrfeige von der Hand einer eiferſüchtigen Frau trieb ihn aus ſeinem Vaterlande. Marguérite bereute ihren Jähzorn bitter, aber ihre Reue führte den Flüchtigen nicht wieder zu ihr zurück; der Troubadour von Narbonne war und blieb verſchwunden. —

Graf Adolph führte ſeine Braut Eliſabeth von Geldern als Gattin heim, und als ſein Vater Adolph VI. auf dem ſchlimmen Tournier zu Neuß am Rhein getödtet wurde, regierte das junge Paar die Grafſchaft Berg.

Eliſabeth's Lieblingsaufenthalt war Düſſeldorf, zwiſchen Rhein und Düſſel gelegen, und kein Sommer verging, den ſie nicht zum größten Theil dort verbrachte. Denn trotz ihrer Klugheit und Beſonnenheit, welche dem Grafen bei ſeinen Regierungsgeſchäften hilfreiche Dienſte leiſteten, blieb ihr ein träumeriſcher Sinn eigen, der es ihr zur lieben Gewohnheit machte, dem Wellenſpiel des Rheines zu lauſchen und auf ſeinen Wogen die Gedanken in weite unbekannte Ferne tragen zu laſſen.

Wenige Jahre nach dem Regierungsantritte Adolph's und Eliſabeth's erſchien in Düſſeldorf ein unbekannter Sänger. Er mußte wohl ſchon reich an Jahren ſein, denn ſein Bart war eisgrau, und aus der Felta,[19] die ſein Haupt bedeckte, fielen eisgraue Locken auf ſeine Stirn. Er ſprach das Deutſche mit einem leichten fremdländiſchen Accent, aber alle die kleinen Lieder, die er dichtete und ſang, waren deutſche und zeigten eine große Vertrautheit mit der Sprache. Eliſabeth, der Kunſt der Minneſänger hold, zog ihn an ihren Hof; er unterrichtete ſie auf der Harfe und Vielleuſe, und kam ſelten zu ihr, ohne ihr einen Pergament= ſtreif mit einem Geſange in die Hand zu legen. Denn er verſtand die noch höchſt ſeltene Kunſt des Schreibens.

So ging die Zeit dahin in raſchem Fluge, Jahr um Jahr auf ihre Schwingen nehmend. Wenn im Mai die Bäume ſich mit roſigen Knospen und mit Blüthenſchnee bedeckten, dann kam Eliſabeth an den Rhein, und der Sänger, Rheno nannte er ſich, trat aus ſeinem kleinen Hauſe, in welchem er zur Sommerszeit Unterſchlupf fand, und diente ihr in Treuen. Mit den Schwalben kam er, mit den Schwalben zog er von dannen, und mit allen Vögeln des Lenzes ſang er ſein Lied um die Wette. Wie Vögel auch flatterten seine Lieder dahin und bald sang man auf Wegen und Stegen:

20) „Die schönsten Kinder auf der Welt·
Die sind am grünen Rheine,
Den Blümlein als Gespiel' gesellt,
So hold wie sie sind keine,
Und Eine ist darunter,
Die macht mein Herze munter.
Die hat ein rothes Mündlein und hat goldfarben Haar,
Eia! die will ich lieben — ach lieben ganz und gar!

Schatzkind, Dich nur zu sehen,
Welch süße Augenweid'!
Vor Freud' muß ich vergehen,
Streift mich Dein Linnenkleid.
Mein Herz hältst Du in Ketten —
Nichts kann mich draus erretten. —
Grüblein in Rosenwangen, Grüblein im runden Kinn,
Darin hat sich verfangen mein ganzer leichter Sinn!"

Oder:

„Es steht ein Baum am grünen Rhein,
Wohl unter seinen Zweigen
Da sitze ich so ganz allein,
Wenn sich die Schatten neigen!
Ach, die ich liebe, ist nicht mein,
Mein Herze, lerne schweigen!

Hier saß auch sie so manches Mal
Und lauschte meinem Sange,
Die Blumen fühlten meine Qual
Und zitterten so bange.
Sie kommt nicht mehr — still ist das Thal —
So lange — ach so lange!

Es steht ein Baum am grünen Rhein,
Wohl unter seinen Zweigen
Da möchte ich begraben sein,
Will sich mein Leben neigen.
Ach, die ich liebe, ist nicht mein —
Mein Herze, lerne schweigen!"

Wie werden die Lieder bekannt und zu Volksliedern? Niemand weiß es! Es geht damit, wie mit den Samenkörnern; der Wind streut sie aus und auf hohem einsamen Felsengrat grüßt uns zu unserm Staunen plötzlich eine farbenprächtige Blume.

Eines Abends wanderte die Gräfin Elisabeth am Rheinufer hin; da stand an geschützter Stelle ein Baum, dessen Zweige sich über eine Rasenbank neigten. Hierher lenkte sie ihre Schritte, wie oftmals zur Abendstunde. Die Bank war nicht leer; Rheno saß dort an den Stamm des Baumes gelehnt in tiefem Schlafe. Lächelnd trat Elisabeth dem alten Freunde näher; aber das Lächeln erstarb auf ihren Lippen, ihre Augen nahmen einen starren, entsetzten Ausdruck an beim Anblicke, der sich ihr bot: Die Felta war von Rheno's Haupt geglitten und mit ihr die eisgrauen Locken; braunes, krauses, junges Haar bedeckte den schön= geformten Kopf. Der eisgraue Bart war falsch, das Alter war erlogen, dies war ein kräftiger Mann noch in jungen Jahren, dies war Jean Esteve, der Minnesänger! Elisabeth wußte nicht, ob sie geschrieen, oder was den Schlummernden geweckt hatte. Genug, er sprang auf, er sah sich entdeckt! Einen Augenblick standen sich die beiden hohen Gestalten wortlos gegenüber, dann glitt Jean auf die Kniee und zog Elisabeth's Kleid an die Lippen: „Es ist zu Ende," flüsterte er. „Ich liebte Euch zu sehr, Elisabeth, ich mußte Euch folgen! In meinem Vaterlande hält es jede verheirathete Frau für eine Ehre, einen sie besingenden Troubadour, dem sie auch Beweise ihrer Gunst giebt, in ihrem Dienste zu haben. Als ich hierher kam, Eurer Spur folgend, Holdselige, da sah ich, daß man in Deutschland anders denkt. Ich wählte daher diese Verkleidung, um Euch unerkannt nahe zu sein. Ich liebte Euch allzusehr!"

Sie erwiderte kein Wort, legte sanft einen Augenblick die Hand auf sein Kraushaar, und winkte ihm dann, sich zu entfernen. Er erhob sich langsam, wandte sich fort und verschwand zum zweiten Male aus ihrem Leben. —

Wir aber, die wir seinen Lebenslauf kennen, wollen verrathen, daß er Guillaume de Lodeve begleitete, welcher den Oberbefehl führte über die von Philipp dem Kühnen gegen Spanien gesandte Flotte, und als Lodeve in Gefangenschaft gerieth, dessen Leiden in einem so köstlichen Sirventes[21]) besang, daß der König von Frankreich, dadurch gerührt, den Gefangenen durch ein hohes Lösegeld loskaufte. —

Wieder schwanden einige Jahre dahin.

Es war am dritten Juni anno domini 1288. Tiefe Stille lag über Düsseldorf — Gewitterschwüle! Sein Herr und Gebieter war hinaus= gezogen in Kampf und Streit gegen den Bischof von Köln, Siegfried von Westerburg. Viele Ritter und Edle wollten unter den Fahnen des Herzogs Johann und des Grafen Adolph kämpfen gegen den über= müthigen Prälaten.

Da unterbrach plötzlich lauter Gesang die Ruhe der Ansiedelung an der Düssel und verwundert schaute Jung und Alt auf den Mann, der mit einer Harfe in den Händen durch die Straßen wanderte. Sie erkannten ihn bald, es war Rheno, und laut rief sein begeisterter Gesang sie auf, unter die Waffen zu treten und ihrem Grafen zu Hülfe zu eilen. Das Kriegslied klang wie Waffengeklirr und Siegesjauchzen, und kein Männerherz vermochte ihm zu widerstehen. Die an harte Feldarbeit Gewöhnten ließen Pflug und Acker, gürteten sich mit dem Schwerte und, unter Rheno's Leitung, stießen sie am Abende des vierten Juni zu den Gräflichen, welche auf dem Felde bei Worringen der Entscheidungsschlacht harrten. Die Geschichte dieses Kampfes ist weltbekannt; weltbekannt, wie Graf Adolph mit Johann im Verein einen glänzenden Sieg erfocht,[22] wie er nach harter Gegenwehr desselben den Bischof gefangen nahm und ihn zu Burg festhielt, ihn auch zwang, in voller Rüstung in der Gefangenschaft zu verweilen.[23]

Was wir von der großen schrecklichen Schlacht zu berichten haben, ist, daß die Bürger und Bauern Düsseldorfs ein großes Verdienst sich erwarben durch ihre Tapferkeit, durch den unerschrockenen Muth ihres Führers, des ritterlichen Rheno, und daß Graf Adolph aus Dankbarkeit zwei Monate später, am 14. August 1288, am Vorabende des Tages Maria Himmelfahrt, in Gemeinschaft mit seiner Gattin Elisabeth durch einen feierlichen Akt Düsseldorf zur Stadt erhob, wobei er die angrenzenden Besitzungen der Ritter Adolph von Flingern und Rampold von Pempelfort, sowie einige andere Höfe in die städtische Freiheit einschloß.[24]

Rheno war siech und wund aus der Schlacht heimgekehrt; er hatte sich dazwischen geworfen, als eine Lanze das Leben Adolph's bedrohte, und war verwundet worden.

Er blieb in Düsseldorf.

Als ein Jahr später wieder die Maienglöckchen blühten, legte ihm Elisabeth einen Strauß der duftenden Lenzeskinder auf sein Krankenlager. Sein letztes Lied galt ihr; es athmete Wehmuth und Todesahnung. Am Abende vor dem Pfingstfeste schied Jean Esteve, der Minnesänger, von dieser Erde. —

—————o—————

IV.
Die Hexe.

✦

„Meine schwarze Kunst — das ist mein
Schmerz!
Mein Zauber ein gebrochen Herz!"
(Geibel.)

So war nun Düsseldorf zur Stadt erhoben; und es geschah Alles,
um der neuen Blume des rheinischen Städtekranzes äußere Zier und
Glanz zu verleihen. Adolph erhob mit Genehmigung des Pabstes
Nikolaus IV. die Kirche zu einer Collegiat=Kirche mit einem Canonicat=
stifte. Die Kirche erhielt zu Ehren des Datums der Erhebung zur Stadt
den Namen „Maria=Himmelfahrt=Kirche" und wurde reich ausgestattet.
Das Stift erhielt große Schenkungen und zählte bald zehn Stiftsherren.

Im Jahre 1296 starb Adolph; seine Gemahlin nahm den Schleier
und überlebte ihn noch um mehrere Jahre.

Wir lassen nun einen Zeitraum vergehen und schauen uns erst
wieder in Düsseldorf um, als es den Herzogshut im Wappen trägt.
Das war um's Jahr 1380, da verlieh der Kaiser Wenzel von der
Pfalz dem Grafen Wilhelm von Berg aus dem Hause Ravensberg die
Herzogswürde. Ihn und seine Gemahlin Anna von Bayern kann man
mit vollem Rechte die Neubegründer der Stadt nennen. Sie zogen durch
ihre Vorsorglichkeit und Güte viele der umliegenden Ortschaften in den
Bannkreis Düsseldorfs und vergrößerten so die Stadt mehr und mehr.
Sie bauten das schon einige Jahre vorher begonnene Schloß,[25] auf
einer Insel der Düssel gelegen und durch eine Brücke mit der Stadt
verbunden, prächtig aus und erwählten dasselbe zu ihrer ständigen Resi=
denz. Was die Kunst jener Tage bieten konnte, wurde gesammelt und
zum Schmucke der herzoglichen Gemächer verwendet. An die Kirche
wurden zwei Seitenschiffe gebaut, und dreizehn neue Altäre errichtet. Die
Sakristei versah man mit einem Vorbau nach außen, den eine Empor=
bühne krönte, und von dieser herab zeigte man bei Bittfahrten den Pilgern
die Heiligthümer. Die erste dieser Bittfahrten war im Jahre 1394,[26]
und da sich die Geschichte der Persönlichkeit, welche die Ueberschrift dieses
Kapitels nennt, an jene Heiligthumsfahrt knüpft, so müssen wir genauer
davon erzählen.

Am Thore der Stadt lag eine alte Mühle; sie hatte sich von Besitzer zu Besitzer fortgeerbt, war aber nun plötzlich in fremde Hände gekommen. Einer der Müller war mit im Morgenlande gewesen, für das heilige Grab kämpfend. Er hatte einen wunderschönen Knaben mitgebracht, den er, da er kinderlos war, in alle Rechte einsetzte und ihm bei seinem Tode die Mühle übertrug. Das war den Düsseldorfern aber gar nicht recht, fremdes Blut auf ihrem Grund und Boden zu haben, und nach dem höchst einfachen Gerichtsverfahren jener Zeit trieben sie den jungen Müller Elgo von dannen. Er schien auch recht gutwillig das Feld zu räumen. Jahre vergingen, es mochten wohl zwanzig sein, da kehrte Elgo zurück, ein ernster, kräftiger Mann. Und da er nun stärker war, als der augenblickliche Mühlenbesitzer, so machte er sich ebenfalls das obenbenannte Gerichtsverfahren zu Nutze und trieb seinerseits den Müller hinaus, von seiner alten Heimath Besitz ergreifend. Das war just zur Zeit des Herzogs Wilhelm I., und da Elgo seine Ansprüche beweisen konnte, so wurde ihm vom Gebieter der Stadt das Besitzrecht bestätigt.

Elgo war nicht allein heimgekehrt; er hatte sich im fernen Lande ein Weib genommen, welches ihm der Tod bald wieder entriß; zum Troste blieb ihm ein einzig Töchterlein. Als er die Mühle wieder bezog, war Helia ein sechszehnjährig Mägdelein von schier märchenhaftem Reize. Als echtes Kind ihres Vaters hatte sie die klare bräunliche Hautfarbe geerbt, das rothbraune Haar, das im Sonnenschein wie Gold funkelte, und die bezaubernden Gazellenaugen. Zu diesen Gaben der Schönheit gesellte sich noch eine Stimme von berückendem Klange, süß wie Nachtigallenschlag. Wahrlich, die holde Morgenländerin war ganz danach angethan, die leichtklopfenden rheinischen Herzen gefangen zu nehmen!

Dennoch hatte es gar nicht den Anschein, als könne Solches geschehen; die Düsseldorfer trugen vielmehr den Mühlenbewohnern einen deutlichen Haß entgegen. Wo sie nur konnten, spielten sie ihnen einen schlimmen Streich; manche finstere Nacht umschlichen wilde Burschen die Mühle, um durch irgend eine Schlechtigkeit Elgo zu schaden. Für Helia hatten sie nur Spottnamen, wo immer sie dieselbe erblickten, als seien ihre Augen mit Blindheit geschlagen, und könnten den Reiz der südlichen Rose nicht wahrnehmen.

Nur Einer war nicht blind für Helia's Schönheit; das war ein junger Edelherr, Otto, der Sohn des Ritters von Virneburg. Er war

Helia so lange heimlich nachgegangen, hatte dem Wunderklange ihrer
Stimme so lange gelauscht, bis er sein Herz nicht mehr von ihr los=
reißen konnte und ihr seine Liebe gestand. Ein feierliches Verlöbniß
einte sie; dann mußte Otto mit dem Herzoge fortziehen, draußen eine
Fehde auszukämpfen.

Helia füllte ihre einsamen Stunden mit der Ausübung ihrer Kunst
aus; sie schlug die Harfe und sang. Die junge Orientalin war nicht,
wie viele ihrer Schwestern, wild aufgewachsen; sie war nach Paris ver=
schlagen worden, und zwar dorthin geleitet durch einen Schüler des be=
rühmten Musikers Guillaume de Machaut.[27] Letzterer, ein ebenso
bedeutender Dichter, als Musiker, war, ehe er Geheimschreiber Johann's
von Frankreich wurde, Sekretär des Königs von Böheim und hatte
als solcher Helia's Mutter gekannt, ja sie in seiner großen Krönungs=
messe mitsingen lassen. Als er starb, empfahl er Helia's Mutter seinem
Freunde und Anhänger Gombert, welcher sich später auch der Tochter
annahm und ihr Talent für Harfenspiel und Gesang ausbildete.

Es war am Morgen des Apollinarisfestes, und ganz Düsseldorf
trug festlichen Schmuck, denn es war der Tag der großen Prozession.
Kränze aus Tannenreis schlangen sich um die Häuser, und die Straßen
waren mit Blumen bestreut. Langsam bewegte sich der feierliche Zug
dahin, von Weihrauchswolken umwogt, umrauscht von Liederklängen. Um
die Kirche schritt er, durch die Straßen und jetzt hinaus an der Mühle
vorbei.[28] Neben der alten Tanne, welche ihre Zweige auf das Mühlen=
dach hinabsenkte, stand Helia und schaute verwundert auf den vorbei=
wallenden Zug. Sie hatte noch niemals eine Heiligthumsfahrt gesehen,
hatte Nichts von dieser gehört, weil sie mit dem Vater einige Tage über
Land gewesen war, und konnte sich nun den Vorgang nicht erklären.
Helia war längst eine Christin, sie versäumte nie den Gottesdienst, aber
ihrem manchmal noch in fremden Wahnvorstellungen befangenen Geiste
war dieses Ereigniß unerklärlich und sie konnte nichts Anderes thun,
als die Wallfahrer erstaunten Blicks zu betrachten. Diese gaben
ihr die Blicke entrüstet zurück: da war Eine, die hochaufgerichtet
stehen blieb, während doch sonst Jeder, der dem Bittgang begegnete,
auf die Kniee fiel; Eine, die nicht in das laute Gebet einstimmte! Un=
williges Gemurmel erhob sich; zuerst blieb es noch bei diesem, denn zu
Anfang des Zuges ging der Clerus und dessen Nähe gebot schon Ruhe.
Aber je mehr Volk vorbeiströmte, je größer wurde das Murmeln und
Zischen. Zuletzt trennte sich ein Volkshaufe von den Wallfahrern und

umringte die Mühle, in welche sich Helia verschüchtert zurückgezogen hatte. Steine flogen gegen Fenster und Dach und laute Schimpfreden ertönten: „Hunne! Hunnenbrut! Heraus mit Euch!"

„Hexe! Hexe!" [28])

Dieser letzte· Ruf schien die Wuth der Rufenden selbst ganz besonders zu entzünden!

„Hexe! Hexe!" so tönte es immer wieder; „heraus mit Dir! In's Feuer! In's Feuer!"

Wie Rasende stürmten sie in's Haus; Helia war allein. In wenig Augenblicken hatten sie sich ihrer bemächtigt, sie gebunden und geknebelt. Im Triumphe schleppten sie sie zwischen sich in die Stadt und warfen die Wehrlose in einen tiefen Thurm.

Alsbald war die ganze Stadt in der schrecklichsten Aufregung. Eine Hexe gefangen! Just ging zum ersten Male der Aufschrei der Hexenfurcht, welche so entsetzliche Folgen haben sollte, durch die ganze Welt und durchschnitt auch das grüne Thal des Niederrheins. In Neuß hatten sie schon drei der Hexerei verdächtige Frauen verbrannt, eine in der Nähe von Bill.

In Trier brannten bereits die Scheiterhaufen täglich, und der Mönch von Heisterbach Cäsar Heisterbacensis [29]) hatte seine schlimme Schrift erscheinen lassen, welche Oel in's Feuer goß. In Düsseldorf war man auch begierig geworden, einmal einen Hexenprozeß zu erleben — nun bot sich dazu die schönste Gelegenheit. Für die arme Helia, das Opfer des Wahns, kam noch der unglückliche Umstand hinzu, daß der Ritter von Virneburg in Düsseldorf anwesend war; derselbe hatte von ihrem Verhältnisse zu seinem Sohne gehört und zögerte nicht, sie anzuklagen, sie habe durch Zauberei seinen Sohn bethört.

Wir Alle kennen die grauenhafte Art der Hexenprozesse; wir wollen daher diesen Schandfleck der Welt- und Menschengeschichte nicht näher beleuchten, sondern nur sagen, daß der Helia's den gewöhnlichen Verlauf nahm, und daß man, als sie ihre Unschuld betheuerte, zur Folter schritt.

Nun lebte damals im Canonichenstifte zu Düsseldorf unter dem Dechanten Heinrich von der Wupper [30]) ein frommer Priester, Namens Werner Spee. Derselbe war in seiner frommen Seele entsetzt über den Irrwahn, welcher Unschuldige zu Hexen stempelte und dem auch so viele seiner geistlichen Brüder anhingen.

Werner erbat sich die Erlaubniß von seinem Dechanten, Helia im Kerker zu besuchen. Dort überzeugte er sich davon, daß nur Unkenntniß

des Gebrauches der jungen Morgenländerin unehrerbietige Haltung wäh=
rend der Bittfahrt veranlaßt habe, daß sie im Uebrigen rein und un=
schuldig sei, wie ein Kind.

Die Hexenrichter aber vermochte er nicht zu überzeugen: Helia wurde
zum Feuertode verurtheilt.

Da versuchte er die Herzen des Volkes zu rühren. Von der
Emporbühne vor der Sakristei hielt er eine Rede vor unzähligen Zu=
hörern an dem Tage, dessen Abendroth Helia's Verbrennung sehen sollte.
Eine so himmlische Beredsamkeit entwickelte er, daß der tobende Volks=
haufe, welcher ihn als den Beichtvater der Hexe kannte, sich nach und
nach beruhigte.

So war Helia wenigstens vor Steinwürfen sicher, als sie auf dem
Verbrecherkarren gegen Abend hinausgefahren wurde zum Scheiterhaufen.
Todtenbleich, aber schön wie ein Engel saß sie da in ihrem weißen
Sterbegewande, vom goldrothen Haar wie von einer Glorie umflossen.
Als sie auf den Holzstoß stieg, bat sie, man möge ihr noch einmal ihre
Harfe reichen, welche als Teufelsinstrument ebenfalls verbrannt werden
sollte. Ein Zetergeschrei antwortete ihr. Die armen Verblendeten glaub=
ten, sie wolle durch Saitenspiel den Teufel zu ihrem Beistande herbei=
rufen. Geduldig ließ sie sich nun, nachdem Werner ihr unter Thränen
den letzten Segen gegeben hatte, von den Henkersknechten auf den Holz=
stoß schleppen und festbinden.

Eben wollten die Letzteren das Holz anzünden, da begann Helia zu
singen. Mit wunderbar süßer Stimme und markerschütterndem Ausdrucke
sang sie das Kyrie aus der Messe Guillaume's de Machaut. Zuerst
antwortete ihr ein Ausbruch wilden Tobens; die Menge schrie: „Das
Feuer angelegt! Verbrennt sie! Verbrennt sie!"

Aber wie die Töne immer voller und weicher dahin schwebten, wie
es immer herzerschütternder klang: „Christe, Christe, eleison!" da ver=
breitete sich Stille ringsum. Es war wie ein Wunder! Die holdselige
Mädchengestalt da oben, deren blasser Mund so entzückende Klänge aus=
strömte, deren Antlitz himmlisch verklärt schien von der Wirkung ihres
Liedes. Der furchtbare Tod mit seinen Schrecken und Schmerzen war
vergessen; Helia lebte in den Wonnen der Kunst.

Und mit ihrem Gesange hielt sie die wüthende Menge, die grau=
samen Henker im Banne. Aber auf wie lange noch?! Es war vielleicht
nur ein Aufschub — — Nur ein Aufschub — aber in diesem lag die
Rettung. Pferdegetrappel — Waffenlärm! Wie der Blitz kam eine

Schaar gewappneter Reiter geflogen, an ihrer Spitze Otto von Virneburg, neben ihm Elgo, Helia's Vater. Als er sein Kind bedroht sah vom Hexengericht, hatte er mit der seinem Stamme eigenen Findigkeit den Virneburger ausgekundschaftet und auf pfeilschnellem Araberrößlein ihn erreicht. Otto schwang hoch Herzog Wilhelms Fahne, zum Zeichen, daß er in seinem Namen komme. Da war kein Widerstand möglich. Im Nu war die Menge zerstreut, Helia aus ihren Banden erlöst. Die Kunst des Gesanges hatte sie gerettet!

Es ist wohl überflüssig zu bemerken, daß Otto von Virneburg seine Vermählung mit der schönen Morgenländerin ebenso energisch durchsetzte, wie ihre Errettung vom Feuertode; aber wir müssen noch bemerken, daß seitdem dem Geschlechte Derer von Virneburg das rothbraune Haar mit dem prachtvollen Goldschimmer erblich blieb, sammt einer noch viel werthvollern Gabe: seine Töchter besaßen bis in entfernte Jahrhunderte die herrliche Stimme, welche einst Helia gerettet hatte.

———o———

V.
Spielkäffer.

✽

> „Er aber hebt schweigend
> Die Fiedel zur Brust,
> Halb brütend, halb geigend —
> Des Volks unbewußt."
>
> (Scheffel.)

Aus dem fünfzehnten Jahrhundert klingt die Kunde von einem Geiger zu uns herüber, um dessen ausschließlichen Besitz Geschichte und Sage sich streiten. Wenn Beide sich dahin einigen, daß Jede Theil an ihm hat, so wird dadurch der Zwist wohl am richtigsten geschlichtet sein.

Es war einmal ein Geigenspieler am Niederrhein, von Alt und Jung geliebt, Namens Käffer. Kein Fest war denkbar ohne ihn, ohne die Klänge seiner Geige. Da er nun überall begehrt wurde, so führte er ein Wanderleben von Stadt zu Stadt, von Ort zu Ort; aber seine eigentliche Heimath war in einem kleinen Häuschen unweit Düsseldorf gelegen. Dort empfing er oftmals hohen Besuch, so soll Herzog Johann I. von Cleve, derselbe „Johann mit den Bellen", welchem sich einst in der bekannten Soester Fehde die Soester freiwillig zuwandten, nachdem sie ihrem bisherigen Landesherrn, dem Erzbischof von Köln, kurz und bündig abgesagt hatten,[31]) selbst bei ihm gewesen sein, um ihn zu ersuchen, bei einem Hoffeste in Cleve zu spielen.

Vom „Spielkäffer" — so nannte ihn der Volksmund — erzählte man sich allerlei lustige und grausige Historien.

Einstmals zog er Abends aus einem Dorfe, wo er unter der Linde den Burschen und Mädchen zum Tanze gespielt, der Heimath zu. Er hatte über allerlei Gedanken, oder vielleicht von Weingeistern umgaukelt, den richtigen Weg verfehlt, und fand sich gerade mit dem Glockenschlage Zwölf auf einem Friedhofe. „Ei," murmelte er, „die rechte Ballstunde schlägt eben, ich muß also auch hier einen Hupfauf streichen! Bursche auf! Mädel auf! Geruht habt Ihr gar zu lange — jetzt ist die rechte Zeit!" Und damit hatte er die Fiedel gepackt und strich einen gar gewaltigen und seltsamen Tanz, wie ihn noch Niemand gehört hatte. Aber so wie die Musik erklang, so hatten sich auch Tänzer gefunden. Da huschte es aus einem Grab, dort huschte es in lange weiße Gewande gehüllt, und Paar um Paar gesellte sich. Das hatte der Spielmann nicht gedacht, er hatte in übermüthiger Laune gesprochen, nicht vermuthet, daß man ihn beim Wort nehmen möge. Da die Angst ihm in die Glieder gefahren, setzte er sich auf ein Grabkreuz ziemlich bequem zurecht und fiedelte drauf los, und immer dichter wurde der Schwarm und immer größer der Kreis der Tanzenden, die hoch in der Luft über den Gräbern und Grabkreuzen wirbelten. „Da sie einmal da sind," dachte Käffer, „so ist das Beste, sie tanzen!" und geigte immer weiter. Das wäre aber so gut gewesen, wenn er nur nicht müde geworden; aber da er die ganze Nacht schon gefiedelt hatte, wollte es nicht recht mehr gleiten, fühlte er das Bedürfniß, sich etwas zu verschnaufen. So wie er aber inne hielt, drängte der weite Kreis, und hu! welche Gesichter und Larven! auf ihn ein, sie hoben drohend ihre knöchernen Hände empor, so daß er rasch wieder den Bogen über die Saiten gleiten ließ und den ganzen vollen Schwarm abermals im Wirbel hinriß. Er dachte, „sie werden doch am Ende müde und du kannst eine Pause machen," allein sie kannten keine Müdigkeit, ihre Knochenbeine kannten keine Rast, rück= ten dem Fiedler stets drohend auf den Leib, wenn er nur verschnaufen wollte, bis zuletzt die Glocke Eins schlug. Im Handumdrehen war da alles verstoben und verflogen, unter dem Rasen versunken. Mit ihnen sank auch Käffer von seinem Kreuze herunter. Erst am frühen Morgen, als der Tag graute, erwachte er aus dem starren Schlafe, der ihn be=

fangen hatte, nahm Fiedel und Ranzen und zog von dannen. Von da ab hatte er die Luft verloren, auf dem Friedhofe zu geigen. — — —

Ein anderes Geschichtchen erzählt: Einst fuhr Spielkäffer zur Nachtzeit von Düsseldorf gen Neuß zum Schützenfeste. Um Mitternacht kam er durch eine Gegend, wo es nicht geheuer sein sollte, doch fuhr er ohne Furcht, da er seine Büchse geladen bei sich auf dem Wagen hatte. Wie er so an einem Gehölz vorüber will, taucht plötzlich eine dunkle Gestalt vor ihm im Wege auf, scheuen und bäumen sich die Rosse, daß der Künstler sie nur mit Mühe halten kann. „Wer steht da mitten in der Straße?" „Ich bin's," sagte der Dunkle, „ich muß noch vor Hahnenkraht nach Neuß, der Weg ist weit, Du könntest mich mitnehmen!" „Wohlan, so räume den Weg vorn und steige hinten auf!" ruft Käffer. Somit verschwindet der Schwarze vorn, springt gleich darauf hinten auf den Wagen. Die Rosse, welche eben sich gebäumt, rennen nun wie toll, so daß der Spielmann sie kaum zügeln kann. Als er aber zu fluchen beginnt, werden sie plötzlich zahm und schlagen die gewohnte Straße mit ihm ein. Alsbald beginnt der Gesell, den er aufgenommen, ein Gespräch mit ihm und fragt: was er in der Hand führe bei dieser Nachtfahrt? „Nun," entgegnet der Spielmann, „es ist ein Weihewedel, mit welchem ich manchmal den Segen zu ertheilen pflege. Dieser fruchtet bei Menschen und Vieh; schade ist's, daß Mancher nicht mehr davon mit bekommen hat." „Hum," sagte der Geselle, „was hast Du aber da in dem Bündel eingewickelt?" „Das ist ein Kreuz von wunderbarer Kraft, das ich mit mir führe. Wenn ich das an den Hals setze und mit meinen Fingern andächtig betaste, kann ich die bösen Geister alle bannen." Der Schwarze, welcher die Hand schon nach dem Bündel ausgestreckt hatte, zog sie jetzt scheu zurück. Spielkäffer aber nahm aus dem Bündel seine Geige, legte den Bogen darauf, so daß beides ein Kreuz bildete, ließ es einen Augenblick so bestehen und begann dann zu spielen. Die weichen Flügel der Nachtluft trugen die fromme Weise des Passionsliedes: „Pange lingua gloriosi Corporis Mysterium,"[32]) durch den rauschenden Wald. Eine Weile, nachdem die Melodie des Liedes verklungen war, herrschte Stille; dann deutete der Schwarze auf die Büchse, welche an der linken Seite des Spielmannes ruhte, und frug: was dieses Werkzeug zu bedeuten habe? „Das da", sagte Käffer, „ist meine Pfeife, aus der ich meinen Tabak zu rauchen pflege!" Der Tabak war um diese Zeit noch seltener als heutzutage, viele Leute kannten das Schmauchen nur von Hörensagen. Spielkäffer hatte unterdessen wohl gemerkt, wen er vor sich hatte, wollte dem Schwarzen einen Possen spielen und sagte daher: „Wenn Du es versuchen willst, steht Dir die Pfeife zu Diensten, sie ist bereits prächtig gestopft. Nimm nur das Rohr in den Mund, ich will dann schon nachhelfen und Feuer machen." Der Schwarze ließ sich das nicht zweimal sagen, schlug die Zähne um die Mündung der Büchse, während Käffer losdrückte. Auf den furchtbaren Knall mußte der Teufel gewaltig nießen. Die Kugel, die er zwischen den Zähnen einige Mal hin und her schob, spie er dann aus und sprach darauf: „Du hast starken Tabak und bist ein tüchtiger Kerl! Ich dachte Dich hier etwas zu hänseln, ich sehe aber, daß ich an Dir meinen Mann gefunden habe. Fahre ruhig Deiner Wege." Hiermit sprang der Schwarze vom Wagen und behelligte den Fiedler nicht weiter. —

Eine weltgeschichtliche Bedeutung aber erlangte der „Spielkäffer", als er für einige Zeit in den Dienst des ritterlichen Fürstensohnes Maximilian von Oesterreich trat. Max liebte, wie bekannt, die schönen Künste sehr, war namentlich auch der Musik ergeben. Während er sich in Ulm Beistand warb zum Zuge in die Niederlande, um seine Braut Maria von Burgund zu befreien, hörte er bei Gelegenheit eines Ge= schlechtertanzes den Spielkäffer fiedeln und nahm ihn in seine persönlichen Dienste. Bald zog er den klugen und geschickten Spielmann in vielen seiner Angelegenheiten zu Rath und benutzte ihn als Boten, wenn es galt, heimliche Nachrichten zu befördern.

Da bekam der Spielkäffer die Welt zu sehen und lernte die Zeit verstehen, die Menschen kennen.

Seine Fiedel verschaffte ihm überall Einlaß und sicherte ihm ein freundliches Willkommen.

Mit seinen Volksweisen gewann er die Guten, mit seinen Schelmen= liedern schreckte er die Bösen, denn er hatte eine spitze Zunge, und wollte er Jemanden etwas Unholdes sagen, so traf sein Wortpfeil sicher in's Schwarze.

Für den Kaisersohn Max wäre er durchs Feuer gegangen, denn wie Alle, welche mit dem Helden Theuerdank in Berührung kamen, war er ihm bis in den Tod ergeben. Je größer das Wagniß war, welches mit einem seiner geheimen Botengänge verbunden war, desto lieber war es dem Spielkäffer.

Maria von Burgund war von ihren treulosen Räthen gefangen gehalten; sie sah nirgends Hülfe in ihrer Noth. Wozu noch länger sich gegen das unerbittliche Schicksal, das ihr nicht nur den Geliebten geraubt hatte, sondern sie auch einem verhaßten Gatten in die Arme treiben wollte, sträuben? So hatte sie sich eines Tages gefragt, während sie, von allen Seiten bewacht und eingeengt, der Messe beiwohnte. Unter Thränen nahm sie Abschied von ihrem Jugendtraum, und bat Gott, sie zu richtigem Thun zu erleuchten, damit sie ihr Volk beglücken könne. Als sie die Kirche verließ, stand am Portal ein blinder Geiger und spielte ein schwermüthiges Lied. Maria blieb einen Augenblick stehen und horchte, dann reichte sie dem Armen eine Gabe. Aber sonderbar! sie zog ihre Hand nicht leer zurück — deutlich fühlte sie, daß der Fiedler ihr ein Zettelchen in den goldgestickten Handschuh geschoben hatte. Sie verbarg ihr Erstaunen und richtete nur noch einen forschenden Blick auf den Spielmann; der achtete ihrer weiter nicht mehr, sondern spielte bereits ein anderes Lied. In ihren Gemächern angekommen, löste sie vorsichtig das Papier aus den seidenen Maschen des Handschuhs und las:

> „Wenn Dir auch jede Hoffnung sank —
> Vertrau' auf Gott und Theuerdank!“

Mit Mühe unterdrückte sie ein lautes Jauchzen der Freude: Max war ihr nahe! Max kam, um sie zu befreien!

Gott hatte ihr Gebet erhört und ihr ein Zeichen gegeben! Sie blieb standhaft und bald ward ihre Treue belohnt.

Nach der Hochzeit Maximilians mit Maria verließ Spielkäffer seinen neuen Herrn und kehrte in die alte Heimath an den Ufern des grünen Rheines zurück.

VI.

Bis zum Tode.

> „Wenn mich Tag und Nacht verzehrt
> Meiner Liebe Feuer,
> Wird die Liebe fester, treuer,
> Wie sich Gold in Flammen klärt.“
>
> (Peyrol, Troubadour 1250.)

Die lustige Stadt Paris feierte festliche Tage: der Herzog Wilhelm von Berg beging seine Verlobung mit Johanna von Navarra, der Schwestertochter des französischen Königs. Die großartigen Festlichkeiten, die „musiken und Mommeryen“, die Trauung, kurz die ganze Reise hat uns ein Chronist[33]) mit großer Ausführlichkeit beschrieben. Das Manu-

3

script zeigt leider einige Lücken, welche später ergänzt sind. Da steigen vor unsern Augen allerlei Bilder auf; versuchen wir ein zusammenhängendes Lebensbild daraus zu formen.

Herzog Wilhelm wohnte im königlichen Schlosse [34]) in einem aufs Prächtigste ausgestatteten Gemache. Dort finden wir an einem sonnigen Apriltage den jungen Herzog im Gespräche mit einem dunkeläugigen, schlanken Manne, von dessen klarer Stirn ein sichtbarer Glanz auszugehen schien.

„Nochmals laßt Euch danken, mein Freund!" sprach der Herzog. „Seitdem ich weiß, daß das Lied, welches mir [35]) heute vorgetragen wurde, von Euch gesetzt ist, hege ich die größte Hochachtung vor Eurem Talente."

Des Herzogs Gegenüber verneigte sich lächelnd.

„Und Ihr sanget gar selber mit, Signor Gabrieli, wie man mir sagte; so war es wohl Eure Stimme, die so sieghaft über denen der Andern schwebte? Ich hätte ein Anliegen an Euch, Signor Gabrieli; kommt mit mir nach Duisseldorf! Wir am Rheine verstehen die Kunst zu schätzen, und bereiten ihr gern eine Heimath. Mit Stolz spreche ich es aus, daß man meinem Hofe nachrühmt, die Künste und Wissenschaften seien an ihm zu Hause."

Andrea Gabrieli zögerte.

„Ihr willigt ein?" fragte der Herzog nach einer Weile. „Verzeiht mein Zögern, fürstliche Gnaden," erwiderte der Musiker; „mir fällt es schwer, so großer Güte mit einem Nein zu antworten; aber ich kann Euch nicht folgen, mein Weg ist genau vorgezeichnet — er führt mich nach Venedig."

Herzog Wilhelm schüttelte unwillig das Haupt. „Entscheidet nicht voreilig," rief er; „an meinem Hofe findet Ihr ebenso edle als gelehrte Männer. Da ist zuerst mein Lehrer und Erzieher Conrad von Heresbach, [36]) dessen Gelehrtenruhm weit über die Grenzen meines Landes hinausgeht. Johann Weyer [37]) ist da, der siegreiche Bekämpfer des unseligen Hexenglaubens, und Gerhard Merkator, [38]) den mir Kaiser Karl V., unser durchlauchtigster Herr, gar zu gern abwendig machen möchte. Kommt mit, Gabrieli!"

„Unmöglich, fürstliche Gnaden, unmöglich! Nehmt meinen Dank für so viel Huld, aber ich muß nach Venedig!"

Mit einer heftigen Gebärde des Unwillens erhob sich der Herzog und schritt im Gemache hin und her; dabei stieß er an ein Elfenbein-

täfelein, welches aus seinem Futteral zur Erde fiel. Andrea hob es auf
und stieß einen Ruf des Erstaunens aus.

„Was giebt's?" fragte Wilhelm, noch immer in gereiztem Tone.

„Vergebt, Durchlaucht," erwiderte der Musiker, dem Herzoge die feine
Elfenbeinplatte reichend, „aber sind es Engelsköpfe, die da gemalt sind,
oder leben die Originale dieser bezaubernden Bilder?"

Wider Willen besänftigt, erwiderte Wilhelm lächelnd: „Es sind
meine Schwestern, Signor Gabrieli."

„Diese hier?" fragte Andrea.

„Ist Anna, welche Holbein für den König von England [39]) malte;
er begehrte sie zum Weibe, allein — doch lassen wir das!" —

„Ein holdes Weib," sagte Andrea; „doch diese?"

„Meine Schwester Amalie."

„Ein Engel!!"

Wilhelm lächelte wieder.

„Wohl, wohl, Signor, sie ist schön, und nicht blos an Körper,
sondern auch an Seele und Geist. Sie ist die Perle meines Hofes!
Allein sie macht mir schwere Sorgen, durch ihren Starrkopf. Sie fügt
sich meinem Willen nicht, sie schlägt die glänzendsten Heirathsvorschläge
aus. — Aber nun lebt wohl, Signor Gabrieli — ich glaube, Ihr seid
ebenso starrsinnig, als meine fürstliche Schwester!" —

Mit einer verabschiedenden Handbewegung entließ er den Künstler;
dieser warf einen langen Blick auf das Bild und wandte sich zögernd
zum Gehen. An der Thür zögerte er abermals; doch Herzog Wilhelm
war bereits wieder in seine Bücher vertieft und so schloß sich die Thür
zwischen Beiden.

Als nun, nach dem Chronisten, „op Vrydach, den 1. July" der
Fürst Paris verließ, um in seine niederrheinische Residenz zurückzukehren,
befand sich dennoch Andrea Gabrieli, der italienische Musiker, in seinem
Gefolge. Vielleicht hatte sich für ihn ein noch stärkeres „Muß" gefunden, als jenes, welches ihn nach der Lagunenstadt führen sollte. — —

Die Rosen standen in voller Pracht und erfüllten die Luft mit
ihrem süßberauschenden Hauche, da erblickte der fremde Singmeister zum
ersten Male die reizende Prinzessin Amalie. Ach, sie war noch viel
schöner, als das Bild sie geschildert hatte! Sie hatte ein süßes, zartes
Gesicht, die herrlichsten sprechendsten Augen, in denen eine Welt von
Gedanken lag, einen reizenden, feinen Mund, ein Schelmengrübchen im

Kinn. Sie war schön, bildschön, — und ringsum blühten und dufteten die Rosen!

An Andrea's[40]) Wiege hatte wohl die heilige Cäcilia selbst als Pathin gestanden. Seine Stimme besaß einen wunderbaren Schmelz, einen Reiz und eine Fülle, die derselben den magnetischen Zauber gab, welche die Herzen höher schlagen und antworten macht. Selbst in der Sprache besaß dieselbe einen weichen, unwiderstehlich fesselnden Klang. Dazu brannte in seinen dunkeln Augen das südliche Feuer, lag im Ausdrucke derselben eine unbeschreibliche Innigkeit. Und ringsum blühten und dufteten die Rosen! —

Aber die Zeit der Rosenblüthe ist kurz; manche blüht nur „einen kurzen goldenen Tag!" Die Sonne weckt sie und tödtet sie mit ihrem Kusse. —

Am Hofe zu Düsseldorf wurde ein Fest gefeiert. Die schönen Gemächer des Schlosses standen im herrlichsten Schmucke; vor allem war ein nicht gar großer Saal geziert. Die Wände waren mit Seide behangen, auf welche Wappen und sagenhafte Thiere gestickt waren. Duftendes Rauchwerk war in Schalen angezündet und mischte seinen Hauch mit dem Duft der Blumen, welche sich an Wänden und Thüren hinschlangen: Rosen, Rosen überall!

An der einen Seite des Saales war eine kleine Bühne aufgeschlagen; auf derselben standen Sänger und unterhielten sich flüsternd, zuweilen erwartungsvolle Blicke nach dem Vorhang von schwarzem, goldgesticktem Flunvel (Sammet) richtend, welcher die Thür verdeckte, die zu den innern Gemächern der fürstlichen Herrschaften führte. Andrea stand mitten unter der Schaar seiner Sänger, auch an ihm war eine leichte Unruhe zu erkennen, auch er blickte häufig dahin, wo sein Stern ihm aufgehen sollte. Die dunkle Schönheit des Italieners kam wohl nie besser zur Geltung, als heute in dem Wamms von goldfarbenem Sammet, das eine breite Halskrause am Halse schloß.

Endlich erschien die Hofgesellschaft und nahm alsbald die Sessel ein, welche im Halbkreise vor der Bühne aufgestellt waren. Stattliche Herren erschienen und schöne Frauen; die schönste unter ihnen Allen Prinzessin Amalie. Der lichtblaue Atlas mit den reichen Stickereien hob ihre zarte Schönheit; sie hatte es verschmäht, die prunkhafte burgundische Haube zu tragen. Ein einfaches Goldnetz, von welchem ein goldgestickter Schleier niederwallte, umfing ihre Locken.

Das Concert nahm seinen Anfang. Der junge Musikmeister hatte den Sängern einige seiner neuen Compositionen für sechs Stimmen ein-

studiert, und die Weisen, die bestimmt waren, ihm unter den Unsterb-
lichen einen Platz zu sichern, erklangen heute zum ersten Male, und
ernteten den Beifall, der ihnen eine große Zukunft prophezeite.

Dann aber brachte das Programm eine große Ueberraschung: Andrea
schritt ehrerbietig auf Amalie zu, und sich tief vor ihr verneigend, bot er
ihr die Hand und führte sie auf die Emporbühne. Flüsternd neigten sich
die Köpfe der Zuhörer zu einander, aber da erklang schon das Ritornell
und in einem Duo von hinreißendem Reize vermählten sich Amaliens und
Andrea's Stimmen. Wie ein Zauberbann lag es auf Allen und man wagte
kaum zu athmen. Die beiden Musicirenden hatten ihre Umgebung vergessen, sie lebten in höheren, schöneren Welten! Sie ahnten auch nicht,
daß man hinter den Fächern aus Pfauenfedern sich verwunderte Blicke
zuwarf, daß auf Herzog Wilhelm's Stirne eine Wolke stand, die ihrem
jungen Glücke Untergang drohte.

Das Duett war zu Ende. Amalie war blaß, als sie auf ihren
Platz an der Seite des herzoglichen Bruders zurückkehrte, aber in ihren
Augen lag ein überirdisches Licht. Den Schluß des Conzertes bildete
ein prachtvolles Magnificat; dasselbe Werk, welches besonders dazu bei-
tragen sollte, den Ruhm Andrea Gabrieli's durch Deutschland und
Italien zu tragen.

Ein fröhlicher Tanz schloß sich an die Musikaufführung; nach den
feierlichen oder lustigen Weisen der Zinkenisten und Floitirer wurde manch
ein Reigen und Schreitetanz gemacht.

Prinzessin Amalie betheiligte sich wenig an diesem lauten Ver-
gnügen; sie zog sich in eine Fensternische zurück, welche seidene Gehänge
vom Saal trennten. Vor dem Fenster stand eine blühende Linde und
unten flüsterten die Wellen der Düssel. War's ein Wunder, daß Andrea
sich zu ihr fand, daß sie dort vereint blieben wie auf einer Insel der Seligen?
War's ein Wunder, daß sie sich die Liebe gestanden, die lange in ihren
Herzen glühte, daß sie den Schwur ewiger Treue tauschten?

Das Wasser plauderte so süß, berauschend duftete die Linde, und
ringsum blühten die Rosen. Doch manche Rose blühet nur einen „kurzen
goldnen Tag!"

Am nächsten Morgen sandte der Herzog, dem die Schwester Alles
gestand, ihn um seine Einwilligung zur Vermählung bittend, den Musikmeister aus dem Lande.

„Treu bis in den Tod!" sagten sie einander, und Amalie sprach
scheidend: „Das Leben trennt uns, der Tod wird uns vereinen; ehe er

kommt, mich aus dem Leben zu rufen, möchte ich noch einmal ein Zeichen Deines Gedenkens haben. Dann bindet uns der Schwur, den wir gaben: nie wieder einander uns zu nähern, nie einander eine Botschaft zu senden, nicht länger. Fahre wohl!" —

Wie die Zeit so bleiern schleicht, wenn der Kummer ihre Flügel lähmt! Jahr auf Jahr verging. Amalie lebte am Hofe ihres Bruders, war die Seele desselben, aber das Licht ihres Lebens war erloschen. Viele Herzen noch wurden ihr zu Füßen gelegt, Kronen ihr angeboten, sie blieb einsam; man nannte sie bald „die wunderliche Prinzeß". Gern zog sie sich auf ein einsames Schlößchen zurück und lebte da ihren Er= innerungen. Ihre Harfe berührte sie nicht mehr — die Saiten waren gesprungen. Gabrieli's Name wurde nie von ihr genannt; und doch er= füllte er Wälschland mit seinem Klange. Andrea lebte in Venedig und widmete sich ganz seiner Kunst. Seine Compositionen, welche sich denen des berühmten Willaert[41]) anschlossen, aber noch volltöniger und mit größerer Kunst gearbeitet waren, wurden in allen Städten Italiens auf= geführt und mit bewunderndem Entzücken aufgenommen. Als im Jahre 1554 der König von Frankreich, Heinrich III., nach Venedig kam, be= auftragte man Andrea, die Festmusik zu seinem Empfange zu schreiben. Der Künstler schuf ein wundervolles Werk, und die Chronisten können nicht genug von jenem Empfang erzählen: wie ein köstlich hergerichtetes, mit Teppichen behängtes, blumenbekränztes Schiff, welches den Musikmeister und seine Kapelle trug, durch die Lagunen dem hohen Gaste entgegenfuhr. Wie berauschend süß die Begrüßungsmusik geklungen, wie die schönen Vene= tianerinnen Thränen vergossen vor Rührung, sich die Augen blind ge= sehen, nicht nach dem Könige, sondern nach dem Künstler, und wie sie so viele Veilchensträuße in seine geschmückte Gondel, auf welcher er später heimfuhr, geworfen, daß dieselbe in's Schwanken gerathen sei. Kein Chronist aber berichtet, daß er sich dankbar bewiesen für so viele Gaben aus schönen Händen, daß er eine Rose geschenkt, wo man ihm Veilchen gab. — — — — — — — — —

Die Zeit schreitet weiter, webt und zerstört Menschenleben nach ewigem Rathschlusse.

Wenn wir uns wieder nach Düsseldorf wenden, hat sie am Hofe eine große Veränderung geschaffen. An Herzog Wilhelm's Stelle ist Johann Wilhelm getreten und der begeht eben seine Hochzeit mit Jakobea von Baden. .

Glanzvollere Tage hat Düsseldorf wohl nie gesehen, nie eine größere

Anzahl edler Ritter, holdseliger Frauen. Die wahre Königin des Festes war immer und überall die reizvolle Braut, denn Jakobea war schön wie der junge Tag. Daß schwarze Gewitterwolken so bald das Licht dieses Tages auslöschen sollten, ahnte Niemand, und heiter gab man sich den Freuden hin, die sich in so überreicher Fülle boten. Volksmund, Geschichte und Sage haben vereint die Beschreibung dieser Feste aufbewahrt, das Andenken daran wach gehalten. Wir wollen also nicht weiter darauf eingehen, und uns nur mit einem Festtage beschäftigen, der in die Geschichte unserer Heldin, wie ihres Helden eingreift. Am 18. Juni 1585 wurde ein großes Tournier nebst „allerley Kurzwyl" gehalten.

Der Schauplatz war ein freier Platz bei dem Pempelforter Hofe, welchen man zu diesem Zwecke mit mancherlei Dekorationen und bunten „Schildereyen" verziert hatte. Links von der Ringbahn befand sich ein künstlicher Fels, welcher so sinnreich eingerichtet war, daß er sich öffnen und man danach in eine dunkle Felsenhalle hinein sehen konnte.

Die fürstliche Versammlung in all der Pracht, welche glänzende Trachten, stattliche Gestalten, schöne Frauen geben können, nahm den für die Zuschauer bestimmten, köstlich gezierten Raum ein, und um die Mittagsstunde begann das Ringstechen.

Unter den Gästen des Herzogs befand sich auch die „wunderliche Prinzeß". Ihr Gesicht hatte fast den vollen Reiz der Jugend behalten; die schneeweißen Locken gaben ihm einen Schimmer unirdischer Verklärung. Amaliens Seelenanmuth gewann ihr auch hier wieder Aller Herzen; sie hatte den Magnet bewahrt, welcher so unwiderstehlich anzog und fesselte. Nach dem Ringstechen kam die „Mommerye" auf dem Felsen, und da eine sanfte Musik sie einleitete, wandte Amalie ihr allsogleich ihre ganze Aufmerksamkeit zu, denn obgleich sie selbst niemals mehr die Saiten der Harfe berührt hatte, war sie der göttlichen Freundin ihrer Jugend dennoch treu geblieben.

Auf dem Felsen erschien nun Orpheus.[42] Er begann sein Spiel und ein bezauberndes Lied; da belebte es sich um ihn: die Vögel flogen aus der Luft herab und ließen sich furchtlos in seiner Nähe nieder. Und wie es süßer und süßer klang, da kamen die Rehe des Waldes, die Füchse und Eichhörnchen, und endlich sandte die Wüste Löwen und Tiger — so groß war die Macht des mächtigen Orpheus, der Zauber übte durch seine Musik. — Die blassen Wangen der alten Prinzessin färbte ein zartes Roth; ein Etwas in diesen Klängen muthete sie bekannt an. Sie lauschte athemlos, als der zweite Theil des „Spiels" begann. Da sah man Orpheus klagend die Unterwelt durcheilen — seine Eurydice finden und durch den Machtspruch des Schicksals verlieren! Ueber den Abschied der Liebenden war der vollste Klangreiz ausgegossen, er eroberte die Hörer im Sturme. Ein allgemeiner Jubel folgte ihm; Prinzessin Amalie aber war mit dem leisen Schrei: „Von ihm! Sein Todesgruß!" zusammengebrochen.

Ihr ahnendes Herz hatte sie nicht betrogen, die Musiker gestanden, daß sie ihren Text dem Werke eines wälschen Componisten, Andrea Gabrieli — die Gegenwart hatte seine Beziehungen zu der Prinzessin längst vergessen, darum stand man nicht an, ihr den Namen zu nennen, — angepaßt hätten. Auf genaue Nachforschungen ergab es sich, daß Andrea an jenem Tage gestorben war. Prinzessin Amalie überlebte ihn nur wenige Tage; sie hatte den Ruf in's Jenseits erhalten am Hochzeitstage der schönen Jakobea von Baden.

So fanden die beiden liebenden Herzen die endliche Vereinigung, sie, die getreu waren bis in den Tod. —

VII.
Der Pfeiferkönig.

„Die Trommel gerührt und das Pfeifchen gespielt,
Mein Liebster gewappnet dem Haufen befiehlt."
(Goethe.)

Zwischen den dichten Weidengebüschen am Ufer der Düssel stand mißmuthig ein junger Mann. O diese Weiden! Zum zweiten Male in seinem Leben hatten sie ihm einen bittern Aerger zugefügt. Er fühlte eine heftige Erbitterung auf die schlanken Zweige, die so frisch grün, so ohne Ahnung des Grolles, mit welchem ein Paar schöner blauer Menschenaugen sie betrachteten, in's Wasser niederhingen. Hier an dieser selben Stelle war's gewesen, wo er — es war vor zehn Jahren, er zählte damals zwölf Jahre — mit seiner achtjährigen Gespielin Gerlinde in tiefem Frieden und süßer Einigkeit gesessen hatte. Als ihnen die Zeit lang geworden war, hatte er sich eine Weidenflöte geschnitten, und versucht, der Kleinen zur Kurzweil etwas vorzublasen. Aber da war er schön angekommen! Sie hatte ihm erklärt, es klänge, „als wenn ein Kätzlein schreit." Das hatte er natürlich übel genommen und zum ersten

Male in ihrem Leben waren sie in den heftigsten Streit gerathen, aus welchem sie sogar zu Thätlichkeiten übergingen. Hans Hilling vergaß sich so weit, seine kleine Freundin zu schlagen, und Gerlindis kratzte! Die alte Freundschaft ging darüber zu Grunde und es dauerte lange, bis sie sich auch nur ansahen. Jetzt hatten sie sich natürlich schon lange wieder vertragen, ja, so sehr vertragen, daß Hans sich sterblich in Gerlinde verliebt hatte. Sein Leben hätte er darum gegeben, für gewiß zu wissen, daß sie ihm auch gut sei. Aber das war nicht so leicht zu erfahren. Jungfräulein Gerlindis war ein Trotzkopf und das Blümlein Schabab[43]) wuchs so reichlich in ihrem Wurzgärtlein, daß es für keinen Burschen eine Kleinigkeit war, die entscheidende Frage an sie zu richten, am wenigsten für unsern etwas schüchternen Hans.

Heute hatte nun das Glück — oder Unglück — die beiden Jugendgespielen hier zusammengeführt, und Hans hatte das Wagniß ausgeführt, dem lieblichen Mädchen seine Liebe zu gestehen.

Da war sie zornroth geworden und hatte auf die Weiden gedeutet: „Meinst, ich hätte die Schläge vergessen? Ich danke für Deine Liebe!" Und damit war sie davongelaufen.

Es war zum Verzweifeln. Hans war auch nahe daran und halb in Gedanken schnitt er sich wieder von den frischen Weiden eine Maiflöte und begann kunstvoll eine melancholische Weise zu blasen.

Plötzlich scholl silberhelles Lachen dazwischen. Gerlinde steckte ihr Schelmengesicht durchs Gebüsch und rief wieder das kränkende Wort: „Just, als wenn ein Kätzlein schreit!" Aber diesmal betrübte es Hans nicht so sehr; er war zu glücklich, das geliebte Mädchen wieder zu sehen. Und wahrlich, sie war des Anschauens werth! Um ihr reizendes Gesicht krauste sich lichtblondes Haar, welches sich durchaus nicht ruhig und gesittet in den langen Zöpfen halten konnte, sondern, wo es anging, in eigenwilligen Löckchen seiner Haft entsprang. Die braunen Augen mit den feingezeichneten Brauen darüber bildeten einen anmuthigen Contrast zu dem schimmernden Haar. Der kleine rothe Mund verrieth deutlich den Trutz des Mägdeleins, aber der Schalk im Kinngrübchen schien zu sagen: „Laßt Euch nicht täuschen; bin gar nicht so schlimm, wie ich thue!"

„Also Du pfeifest Dir eins, Hans, und bläst den Aerger über mich in die Luft! Schau, da muß ich lauschen!"

Zierlich ihr blaues Tuchkleid mit den gestickten Säumen und der silbernen Gürtelkette schürzend, ließ sie sich auf einen Weidenstumpf nieder und senkte das runde Kinn in die breite Halskrause, die braunen

Augen voll zu Hans aufschlagend. Dieser blies auch wirklich weiter, aber er ging in eine andere Melodie über, in die des Liedes: „Mein Gemüth ist mir verwirret, das macht ein Mägdlein zart!"[44])

Nach einigen Versen glaubte er vermuthlich das Herz Gerlinde's in einen weichmüthigen und liebeseligen Zustand, ähnlich dem, in welchem sich das seinige befand, versetzt zu haben, denn er brach ob und nahm das Thema seiner Liebe und Liebeswerbung wieder auf.

Gerlinde erhob sich sogleich, aber sie ließ ihn ruhig aussprechen. Dann erwiderte sie ganz ernsthaft: „Hans, Du bist ein Närrlein!"

„Warum?" fragte der also Gescholtene kleinlaut.

„Weil Du mich also quälst; ich will noch Nichts von Liebe hören, schaue ja kaum in die Welt hinein."

„Ist's, weil Dein Vater der reiche Goldschmied, der meine nur ein Tuchmacher?"

„Red' nicht so daher! Dein Vater ist Zunftmeister der Tuchmacher, meiner der Goldschmiede. Also darum nicht; aber ich will nun ein= mal nicht!"

Sie hatte sich schon halb zum Gehen gewendet; da sagte Hans in tiefster Schwermuth: „Ich sehe es ein — Du liebst mich nicht — wür= dest mich auch nicht zum Manne nehmen, wenn ich ein König wäre!" Sie sah über die Schulter zu ihm hin. „Ein König! schau, Du wärst mir ein schöner König! Aber weißt, Hans, dann würde ich's mir doch überlegen!"

Damit war sie verschwunden. Wäre Hans nun ein Herzenskundiger, ein scharfer Menschenkenner gewesen, so hätte er deutlich gemerkt, daß unter all dem Gethue des losen Mädchens sich doch die Liebe zu ihm versteckte; er war aber nicht herzenskundig, unser Freund Hans, nur sehr verliebt, und die Liebe macht bekanntlich eher blind, als hellsehend.

Nun lebte aber zu dieser Zeit in Düsseldorf ein bedeutender Musiker, Herr Aegidius Hennius.[45]) Der hatte zwar seinen eigentlichen Wohnsitz in Lüttich, wo er als Canonicus und Cantor fungirte, aber der Kurfürst Wolfgang Wilhelm, welcher der Musik über Alles ergeben war, hielt ihn wochen= und monatelang an seinem Hofe fest, wo er die großen Musik= aufführungen leitete. Da sang man Motetten von Josquin und Haßler, Choräle von Walter und ließ die hochberühmtesten Sänger herbeikommen, damit sie durch ihren Gesang das Herz des Kurfürsten erfreuten, den Glanz seines Hofes erhöhten. Sogar große Messen sang man und führte Opern auf.[46]) Alles aber geschah unter Oberleitung des Hennius.

Zu diesem lenkte nun am selbigen Abend Hans Hilling seine Schritte. Ein seltsamer Trotz war über ihn gekommen, just, als habe er's von Gerlindis gelernt. „Wie ein Kätzlein schreit!" Diese Worte, die sein Flötenspiel geißelten, waren immer der Anfang allen Unheils für ihn gewesen. Nun wollte er sich gerade an das Flötenspiel klammern. Die Liebe hatte ihn verstoßen, wohl, so wollte er's mit der Kunst versuchen. Geradenwegs ging er zu Hennius und erklärte diesem kurz und bündig: „Ich will ein Pfeifer werden — nehmt mich in die Lehre!"

Nun, so geschah es denn auch; Hennius nahm den jungen Mann mit nach Lüttich, und der Tag, an welchem wir ihn nach Jahresfrist wiedersehen, wurde zu einem Merktage in seinem Leben. Das geschah aber im heiligen Köln, und dorten erging es unserm Pfeiferlein, — denn das war Hans inzwischen geworden und ein recht geschickter Spielmann auf seinem Instrumente dazu — also:

Er war mit seinem Meister nach Colonia gekommen, und nachdem er mit geziemender Andacht und gebührendem Staunen die vielen Kirchen mit den Heiligthümern und den Dom, mit dessen Bau es freilich dazumalen so recht nicht weiter gehen wollte, betrachtet hatte, saß er in einem der kleinen Hintergärtlein, wie sie sich an den spitzgiebeligen Häusern befanden, und spielte auf seinem Lieblingsinstrumente eine schwermüthigsüße Melodie. Von Weidenrohr, wie in den Tagen der Kindheit und an jenem verhängnißvollen Tage, war sein Instrument freilich nicht mehr gefertigt, er besaß eine kostbare Flöte; sein Vater, der Zunftmeister, war reich genug, um den eigensinnigen Sohn, der nun einmal durchaus ein Musikant werden wollte, damit auszustatten.

Als Hans die Flöte sinken ließ nach einem schmelzenden Andante, erschien zu seinem Erstaunen plötzlich ein riesiger Landsknecht vor ihm. Diese wilden Gesellen hatten sich in jenen Kriegsläuften durchaus keine feinen Lebensformen aneignen können, sondern machten im Gegentheil nicht viel Federlesens. „Mitkommen!" schrie der Krieger den Musiker an. Hans machte große Augen, aber durchaus keine Anstalten, dem kategorischen Befehle nachzukommen.

„Mitkommen!" klang es abermals im tiefsten Grundbaß, „mitkommen zum General Jan von Werth!"

„Zu wem?!" rief Hans aufspringend.

„Zum General, Gnaden Jan von Werth!"

„In's Himmels Namen, wo ist er?"

Der Landsknecht deutete mit dem Lanzenschaft auf das nebenan=
liegende Haus, und schritt sporenklirrend voran, denn Hans sträubte sich
nun nicht mehr, ihm zu folgen. Jan von Werth! Wer hätte nicht
von ihm gehört! Auf allen Straßen sangen sie Lieder auf seine Tapfer=
keit, auf seinen unbeugsamen Muth, auf seine Siege über Schweden
und Franzosen.

In wenig Minuten stand Hans vor dem berühmten Reitergeneral.
Jan sah trübsinnig aus; er hatte bittere Erfahrungen gemacht. Nach
der Schlacht bei Lützen zum General ernannt, schlug er sich in der Pfalz
mit seinem tapfersten Gegner, Bernhard von Weimar, herum. Durch
kühne Züge vernichtete er die Pläne der Feinde, schlug die Schweden
und Franzosen in mehreren Treffen, und nahm in der Schlacht bei
Nördlingen sogar den General Horn gefangen, vertrieb die Schweden
aus Heidelberg, die Franzosen aus Speier und nahm denselben das von
ihnen eroberte Lothringen wieder ab. Er drang mit seinen verwegenen
Reiterschaaren durch die Champagne, trieb die Franzosen bis hinter
Amiens und war auf dem Wege nach Paris, von wo sich der Hof voller
Schrecken nach Orleans flüchtete. Weil aber dieser Siegeszug des
deutschen Helden die Mißbilligung der Kaiserlichen Generäle fand, so
berief man ihn zurück. Auf dem Heimwege jagte er noch schnell die
Franzosen aus Ehrenbreitstein und zog sich grollend nach Köln zurück.
Dort empfing man ihn mit Jubel, sein Einzug glich einem glänzenden
Triumphzuge, dennoch brannte der Zorn noch schwer in seinen Adern
und der leichte Muth hatte ihn verlassen.

Hans fand ihn in einem Erker sitzend, das mächtige Haupt auf
den Schwertknauf gestützt. Nachdem er den jungen Pfeifer in unge=
wöhnlich mildem Tone um seine Lebensschicksale befragt, sagte er: „Wißt
Ihr was, Hans Hilling, bleibt bei mir. Ich bin ein grämlicher Mann
geworden; vorhin beim Anhören Eures Spiels wich zum ersten Male
der Mißmuth von mir. Bleibt bei mir, und vertreibt mir die Grillen
wie weiland David dem Saul!" —

Und so wurde unser Pfeifer ein Kriegsmann; er begleitete Jan
von Werth in seine neuen Kämpfe und war bald beim ganzen Kriegs=
volke beliebt, als ein vortrefflicher Musikant und braver Mann. Es
hatten sich überall im Lande die Pfeiferzünfte gebildet; hatte Jan von
Werth eine wichtige Botschaft zu senden, so sandte er seinen Hans zu
einer Pfeiferzusammenkunft und Niemand ahnte in ihm einen heimlichen
Boten des Gewaltigen.

Wir können unſern Freund nicht auf ſeinen Streifzügen begleiten; wir wollen darum nur wiedererzählen, was uns die Frau Sage an= vertraut hat. Daß nämlich Hans dem General das Leben rettete, als in der Schlacht bei Rheinfelden Jan's Pferd unter ihm erſchoſſen wurde. Freilich konnte er's nicht verhindern, daß Deutſchlands größter Held in Gefangenſchaft gerieth, aber wie jener Troubadour, von dem wir ſchon berichteten, ſo kämpfte auch Hans mit Worten und Liedern für ſeinen Helden, bis dieſer befreit war.

Es wird aber die höchſte Zeit, daß wir uns wieder nach Düſſel= dorf begeben.

Hans war dort verſchollen, denn ſieben Jahre waren vergangen, ſeitdem er mit Hennius nach Lüttich zog.

Wieder kommen wir zu einer Feſtlichkeit in die rheiniſche Stadt. Man feiert ſogar ein dreifaches Feſt am Tage Maria Himmelfahrt: das Feſt der Himmelskönigin, den Geburtstag der Stadt und einen Pfeifertag. Was es damit für eine Bewandtniß hatte, wiſſen wir. Die Pfeiferzünfte hatten ſich zu ganz ungewöhnlichem Glanz emporgeſchwungen. Ihre Innungen waren hochangeſehen, ihre Oberhäupter wurden überall Pfeiferkönige [47]) genannt. Die Pfeifertage — wie die jährlichen Zu= ſammenkünfte genannt wurden — feierte man mit großem Glanze an Marienfeſten; jedesmal in einer andern Stadt. In dieſem Jahre ver= ſprach man ſich einen beſonderen Genuß, denn ein fremder Pfeiferkönig, von dem um und um gar viel Redens war, hatte zugeſagt, beim Feſte zu erſcheinen und den erſten Platz einzunehmen. Man ſah ihm mit Spannung entgegen, denn hierlands hatte ihn noch Niemand geſehen. Vor dem Ratinger Thor [48]) in den Gärten war ein prachtvoller Altar erbaut; Blumen und grüne Zweige ſchloſſen ihn dicht ein und aus ſolchem Schmuck heraus lächelte doppelt freundlich das holde Antlitz der Gottes= mutter nieder.

Es war ein klarer Sommertag; ein Gewitter hatte die Luft er= friſcht, ſo daß es wonnig kühl herauf wehte vom Rhein. Vor dem Altare herrſchte noch rege Geſchäftigkeit; Chorknaben eilten mit den Meß= geräthen hin und her, und zur Linken des Altares, wo die Jungfrauen ſtanden, wollte des Flüſterns kein Ende nehmen. Die holden Mägdlein Düſſeldorfs waren in die Marienfarben, weiß und blau gekleidet, und trugen weiße Lilien in den Händen. Nur Eine zeichnete ſich vor den übrigen noch beſonders aus; ihr Gewand ſchien aus flüſſigem Silber gemacht zu ſein; im blonden Haar trug ſie einen Perlenſchmuck. Sie

war ausersehen, nach dem Wettstreite dem Pfeiferkönige die flimmernde
Krone zu reichen, welche auf sammtnem Kissen vor ihr lag.

Rings um den Altar drängte sich die Volksmenge und harrte dem
seltenen Schauspiele entgegen. Endlich verkündeten Trompetenstöße das
Nahen des Zuges, und langsam, feierlich nahte er sich. Vorauf ritten
die Herolde, denen Trumpeter, Floitirer, Zinkenisten folgten. Dann
kamen prächtig aufgeputzt die Zünfte mit den Symbolen ihrer Thätigkeit.
Der Rath der Stadt schritt würdevoll einher, Abgesandte des Hofes und
der Ritterschaft begleiteten ihn. Wie eine Schaar Engelein, so kamen
die Kinder geschritten, Mägdlein und Buben, und nach ihnen die Helden
des Tages, die Pfeifer. Stolz und fröhlich kamen sie daher, ihre Instrumente, mit köstlich gestickten Bändern verziert, in den Händen tragend.
Aus ihrer Mitte ragte hoch zu Roß der Pfeiferkönig hervor, eine stattliche, schöne Gestalt, in ein Wamms aus schwarzem Sammet, mit flim-
mernder Perlstickerei bedeckt, gekleidet. Sein Haupt deckte ein großer
Schlapphut, den eine werthvolle Agraffe und kostbare Federn zierten.
Er warf einen tiefen Schatten auf das Antlitz, welches ein dichter hell-
brauner Bart umgab.

Der Zug ordnete sich vor dem Altare und der Bischof, von seinen
Geistlichen bedient, gab den feierlichen Segen. Weihrauchwölkchen wirbelten empor, und frommer Gesang ertönte aus Aller Munde. Alles
kniete nieder, nur der Pfeiferkönig mußte nach altem Brauch seinen
Platz auf dem milchweißen Rößlein innehalten.

Feierliche Stille trat ein, denn es war das Recht der Pfeifer,
gleich nach dem Segen eine Hymne auf die heilige Jungfrau vorzutragen.

Dann gab es viel Flüstern und Raunen, denn nun durften sich
die Würdenträger des Zuges sammt der Geistlichkeit auf die ihnen an-
gewiesenen Plätze begeben und der Wettstreit begann. Da ward manch
gute Weise gehört, bald war's, als ob eine Lerche trillere, bald als
ob eine Goldamsel flöte mit süßschwellendem Ton.

Endlich stieg der Pfeiferkönig aus dem Sattel und trat dicht vor
den Altar. Mit ritterlichem Anstand nach allen Seiten sich neigend,
ließ er sich von einem Pagen seine kostbare, mit Elfenbein ausgezierte
Flöte reichen. Mit athemloser Spannung lauschte man, und wahrlich,
etwas so Bezauberndes hatte man noch niemals gehört!

Das war ein ganzer Frühlingschor, da trillerte die Lerche, da
flötete die Goldamsel und schöner als alle Sänger schlug mit süßem
weichen Tone sehnsuchtsvoll die Nachtigall.

Eine ungestüme Bewegung bemächtigte sich der Zuhörer; viel schöne Augen feuchteten sich. — Es war wohl nicht der geringste Zweifel, wem die Krone gebührte, und unter allgemeinem Jubel trat Gerlinde auf den Pfeifer zu, ihm die Krone zu reichen. Er beugte sich ritterlich, ihre schöne Hand zu küssen, und nahm mit tiefer Verneigung den Hut von den Locken. Der Jubel ringsum machte die Worte nur für sie hörbar, die er dabei sprach: „Just, als wenn ein Kätzlein schreit!" Er sprach ganz leise, aber Gerlinde fuhr zurück, als töne ihr Donnergetön in's Ohr. Der Pfeiferkönig zog den großen Schlapphut, und blickte aus blauen Augen das erblassende Mädchen innig an. „Hans," stammelte sie, „Hans!" „Ich komme als »König« wieder, Gerlindis, Trutz= köpflein! Willst Dir's nun überlegen?" Jubelnd schloß er sie in die Arme. —

Das war eine Freude, als der „Pfeiferkönig" sich als ein Düssel= dorfer Kind entpuppte und den Pfeifertag zu seinem Verlobungstage machte! Die beiden Zunftmeister gaben mit Stolz ihre Kinder zu= sammen, die Pfeiferinnungen bliesen die herrlichsten Weisen und accom= pagnireten einen fahrenden Gesellen, welcher das hier folgende Lied= lein sang:

> ⁴²) Es war einmal ein Pfeiferlein
> Das wollt' ein Reiter werden;
> Ei, dacht' es, das muß lustig sein,
> Das schönste Loos auf Erden!
> Die Heimath hält mich nimmer!
> Mich lockt der Glanz und Schimmer,
>   Der auf der Ferne liegt!
>   Soweit ein Vogel fliegt,
> Soweit auch will ich schweifen,
> Will reiten und will pfeifen.
>
>   Da hat der große Jan von Werth
> Das Pfeiferlein vernommen,
> Er gab ihm gleich ein scharfes Schwert
> Und hieß ihn gottwillkommen.
>   Nun ging es in die Weite,
>   Der Pfeifer ritt zur Seite
>   Dem großen General
>   Wohl über Berg und Thal.
> Doch bei dem wilden Streifen
> Vergaß er nicht das Pfeifen.

Und als dem Helden in der Schlacht
Sein Rößlein man erschossen,
Hat's Pfeiferlein sich nicht bedacht,
Zu kämpfen unverdrossen.
  Trotz süßem Türülüren
  Wußt' er ein Schwert zu führen,
  Mit unerschrocknem Muth
  Trotzt er der Feinde Wuth.
Wer wagt es, ihn zu greifen?
Kämpfen kann er und pfeifen.

So ist zuletzt das Pfeiferlein
Selber ein Held geworden,
Schlug mit dem Schwerte tapfer drein,
Vertrieb der Feinde Horden.
Doch nie hat er vergessen
Das Pfeifen unterdessen.
  Im Pfeiferreiche jetzt
  Als König eingesetzt,
Ihm goldne Früchte reifen
Durch sein vielsüßes Pfeifen!

  Ave Maria, Jungfrau rein,
Laß ihn Dir stets empfohlen sein! Amen.

Es versteht sich, daß der Pfeiferkönig auch noch ein Pröblein seiner Kunst gab, und daß Alle ihm huldigten.

So herrschte den ganzen Tag eitel Lust und Fröhlichkeit.

Doch als es Abend wurde und der Silberschein des Mondes Berg und Thal verklärte, da wandelte in seligem Schweigen ein glückliches Paar durch die Weidengebüsche am Ufer der leis rauschenden Düssel, deren Wellen das alte ewige Lied von Leid und Liebe sangen.

———o———

VIII.
Französisch — oder Deutsch?

⚜

„Der fremde Sang, wohl schmeichelt er den Sinnen,
Mit glüh'nden Farben malt er Leid, wie Scherz,
Den Sieg kann d e u t s c h e Weise nur gewinnen,
Denn sie allein trifft mitten uns in's Herz!"
(Reinic.)

Eine Reihe von Jahrhunderten ist vergangen, seitdem wir zuerst die Ansiedelung an der Düssel — Duisseldorpe — besucht haben. Die Wege, welche die liebe Frau Musika in dem gesegneten Thale gewandelt, sind auch wir gegangen; getreulich folgend, haben wir immer ihre Spur wiedergefunden.

Und wie wir weiter und weiter schritten, wichen mehr und mehr die Nebel der Vergangenheit, die manchmal unsern Blick trüben wollten, und klar erkannten wir die Gespinnste, welche sich aus Geschichte und Sage, aus schriftlicher und mündlicher Ueberlieferung zusammen woben. Jetzt stehen wir an der Schwelle der Gegenwart; nur zwei Jahrhunderte, das achtzehnte und neunzehnte, bleiben für unsere Betrachtung übrig.

Das achtzehnte und neunzehnte Jahrhundert! Wollten wir von dem Walten der Musik in Düsseldorf während dieses Zeitraumes Alles singen und sagen, so müßten wir ein zwölfbändiges Werk schreiben dürfen. Fällt doch in denselben die höchste Glanzperiode der Stadt, die Regierung des Kurfürsten Johann Wilhelm, welcher, seinen größten Feind, Ludwig XIV. sich zum Vorbilde nehmend, eine unerhörte Pracht an seinem Hofe entwickelte und die Kunst nach jeder Richtung hin zur üppigsten Blüthe brachte; wurde doch später Kurfürst Karl Theodor durch den geistvollen Grafen von Goltstein vertreten, dessen Bestreben es war, die Stadt auf ihrer hohen Stufe zu erhalten.

Bildete sich doch zu Pempelfort in Jacobi's Garten der Musenhof, dem die erlauchtesten Geister Deutschlands beitraten, erreichte doch das Theater unter Immermann seinen großen Ruf und — wirkten doch in Düsseldorf die größten und besten Priester der heiligen Cäcilia, unter ihnen Felix Mendelssohn-Bartholdy, Ferdinand Hiller, Robert Schumann!

Wahrlich, zwölf Bände wären noch ein enger Raum, wollte man alle die musikalischen Großthaten schildern, die durch diese in Düsseldorf geschahen!

Unsere Absicht aber war nur, einige lose Skizzenblätter zusammen zu fügen, gleichsam einen Strauß aus wenigen, aber seltenen Blumen zu winden und den Freunden der Musik am Pfingstfeste in die Hand zu drücken. Solchem Vorsatze getreu, wollen wir, Bekanntes unerwähnt lassend, aus der Fülle der musikalischen Ereignisse nur einige Scenen wählen und versuchen, diese mit möglichster Treue wiederzugeben. — —

Kurfürst Johann Wilhelm war schlechter Laune, sehr schlechter Laune sogar. Er hatte sich mit seiner durchlauchtigen Gemahlin erzürnt, und daß solches verstimmend auf jeden Eheherrn wirkt, ist eine allbekannte Thatsache.

Der Kurfürst konnte die Franzosen nicht leiden, ja, sie im Grunde

4

seiner Seele nicht ausstehen; die Frau Kurfürstin aber war ihnen hold und lobte bei jeder thunlichen Gelegenheit ihre feinen Manieren.

Bei einer solchen Gelegenheit, als sie die Franzmänner mal wieder gehörig herausgestrichen hatte, sagte Johann Wilhelm ärgerlich:

„Spitzbuben und Räuber sind sie von Natur, und die Natur geht über die Lehr'!“

Das verdroß die durchlauchtige Frau und sie wollte ihm an ihrer Katze beweisen, daß man die Natur durch die Lehr' bemeistern könne. Sie hatte nämlich eine Katze, die stand Schildwacht wie ein Grenadier und hielt das Licht, wenn die Kurfürstin den Abendsegen las. Das Thier machte überhaupt Künste, daß es zum Verwundern war, und darauf berief sich seine Herrin, als sie sich mit ihrem Gemahl über die Franzosen zankte. Der dachte aber, er wolle ihr die Richtigkeit seiner Ansicht schon beweisen. Als die Katze auch einmal wieder das Licht hielt, da hatte der Kurfürst eine Maus mitgebracht, die ließ er über den Tisch laufen. Als nun die Katze das Mäuslein erblickte, da warf sie das Licht hin und sprang der Maus nach. Alle angelernten Künste waren vergessen, die Natur siegte. Das war es ja, was Johann Wilhelm beweisen wollte, und an einer Nutzanwendung, auf die Franzosen bezüglich, ließ er es auch nicht fehlen.

Wann aber hätte eine Frau in einem Streite nicht das letzte Wort behalten, oder wenigstens nicht versucht, es zu behalten?

Die Frau Kurfürstin brütete Rache! Sie wollte ihm recht eklatant beweisen, daß die westlichen Nachbarn das klügste, feinste und gebildetste Volk unter der Sonne seien, und zwar wollte sie ihm das auf einem Gebiete beweisen, das seinem Herzen nahe lag: auf dem der Kunst.

Sie bereitete ein Fest vor, eine kleine Opernaufführung, wie sie damals anfingen, auch als Unterhaltung in Privatkreisen beliebt zu werden.

In Frankreich beherrschte Jean Baptiste Lully,[50] den der Chevalier von Guise als zwölfjährigen Knaben aus Florenz mitgebracht und der sich durch seine Compositionen schnell einen Ehrenplatz in der Gunst des Königs erworben hatte, Bühne und Salon. Auf der einen, wie in dem andern spielte, sang und tanzte man nur, was der einstige Küchenjunge componirt hatte. Der höchste Adel des Hofes rechnete es sich zur Ehre, in seinen Schäferspielen und Balletcomödien aufzutreten, und Ludwig selbst verschmähte es nicht, in einem, in eine Pantomime eingeflochtenen Menuett mitzuwirken.

Von Paris und Versailles verbreitete sich der Geschmack an dieser Kunstrichtung durch ganz Frankreich und auch über Deutschland, welches es sich damals ohnehin angelegen sein ließ, den Franzosen nachzuahmen, ihre Mode in allen Dingen als die allein richtige zu preisen.

So wenig man in Düsseldorf Veranlassung hatte, in diese, den westlichen Nachbarn dargebrachten Huldigungen einzustimmen, so war man doch schwach genug, sich ebenfalls blenden zu lassen. Und darin wurde man, wie wir nun wissen, von oben herab „bestärket und encouragiret".[51])

Gewappnet durch Lully und eins seiner zierlichen Comédies-ballets, wollte die Frau Kurfürstin einen Hauptschlag auf ihren französenfeindlichen Herrn Gemahl führen und denselben damit in Grund und Boden schmettern. Mit größter Sorgfalt ließ sie eine französische Schauspieler= truppe das mit Balleten durchflochtene Festspiel „Les fêtes de l'amour et de Bachus" einstudieren, welches an einem Abende nach dem Karneval 1710 dargestellt werden sollte.

Es war am Tage der Aufführung. Ein leichter Frost versilberte die Zweige der Bäume, daß sie funkelten und blitzten, und im bereisten Grase ließ die blasse Wintersonne unzählige Diamanten aufflimmern. Johann Wilhelm hatte kein Auge für die winterliche Schönheit der Natur; mit finster gerunzelter Stirn schritt er durch den Schloßgarten und über die Brücke der Stadt zu. Heute erhielt Mancher, der einen freundlichen Gruß erwartet hatte, von Seiner Kurfürstlichen Gnaden nur ein miß= muthiges Kopfnicken, und Viele schauten dem allzeit so gnädigen Herrn, der seinen, ihm abgöttisch ergebenen Bürgern so huldvoll zugethan war, höchlich verwundert nach.

Die Hände auf den Rücken gelegt, schritt dieser fürbaß und ärgerte sich! Ja, er ärgerte sich gründlich, wenn er an den heutigen Abend dachte. Er kannte ja den leichtfertigen Sinn und die Prunksucht, welcher seine Junker[52]) sammt den Damen des Hofes ergeben waren, zu genau, um nicht vorher zu wissen, welchen Erfolg das französische Stück haben, und wie sehr derselbe seine Gemahlin in ihrer vorgefaßten Meinung be= stärken würde. Da schlugen aus einer Kirche Orgeltöne an sein Ohr, und in der Hoffnung, daß die Klänge seines Lieblingsinstrumentes den in ihm nagenden Aerger besänftigen würden, trat er in das Gotteshaus und ließ sich in einer dunkeln Ecke nieder. Andächtig lauschte er. Aber, beim Himmel, welch ein Spiel war das? So hatte der Kurfürst noch nie die Orgel spielen hören! Nicht allein, daß sein Aerger davor verflog,

4*

wie die Sonne Wolken zertheilet, nein, das höchste Entzücken bemächtigte sich seiner, und er gab sich dem köstlichen Genusse mit vollster Seele hin.

Aber da — welch ein Gedanke kam ihm! Ja, das war eine herrliche Idee — und sie mußte auszuführen sein.

Johann Wilhelm verharrte regungslos in seinem Winkel, bis der Orgelspieler die Kirche verließ. Dann gesellte er sich zu ihm und knüpfte ein Gespräch mit ihm an. —

Der große Saal im Schlosse zu Düsseldorf war aufs Prächtigste geschmückt; die Wände mit goldgestickten Tapeten, auf welchen Scenen aus der Mythologie dargestellt waren, behangen, die herrlichen geschnitzten und verschnörkelten Möbel mit schimmernden Stoffen geschmückt. Wachs= kerzen auf Bronzearmleuchtern verbreiteten blendende Helle über die glänzende Gesellschaft, welche sich vor dem Vorhange, der die Bühne abschloß, niedergelassen hatte. Die prachtvollen Brokatroben der Damen rauschten ihr frou-frou, wenn die reizenden Gestalten sich flüsternd zu einander neigten, Federn nickten von den schönen gepuderten Köpfchen, Brillanten strahlten auf blendenden Schultern, an weißen Armen, und zierliche Fächer begannen ihr lockendes, verrätherisches Spiel.

Neben dem Kurfürsten saß ein Fremder, den außer dem regierenden Herrn Niemand zu kennen schien, eine mächtige Hünengestalt, mit einem gebietenden Ausdruck in dem von langer Perücke umgebenen Gesichte, mit einer klaren, gedankenvollen Stirn und schönen leuchtenden Augen. Die Blicke der Frauen flogen immer wieder zu ihm, und der schöne Fremde drohte beinahe ihre Aufmerksamkeit von dem zu erwartenden Festspiele abzulenken.

Aber nein — jetzt begann eine liebliche Musik, Alles wandte sich der Bühne zu, und nach wenigen Minuten flog der Vorhang in die Höhe.

Ah, welch ein entzückendes Schauspiel entwickelte sich dort auf der Bühne! Griechische Göttergestalten wurden lebendig, man feierte Amor's und Bachus' heitere Feste. Reizende Tänzerinnen erschienen, in graziös geschürzten, ganz mit Rosen bestreuten Gewändern, und gaukelten wie Schmetterlinge umher. Dazwischen erklang die süßeste Musik. Das Publikum war außer sich vor Entzücken und brach nach der Arie der Primadonna:

> „Vénus, oh sorcière,
> Plus belle que la lumière
> Entends-tu notre prière?
> Oh viens, viens nous bénir!"

in lauten Jubel aus. Man war wie berauscht! Die süß schmeichelnde Musik, die schönen Gestalten, die graziösen Tänze — ah — das blendete, das riß hin! Und dabei füllte ein feiner Puderduft und der Hauch südlicher Blumen die Luft und umfing den Sinn, wohlig betäubend, mit weichem Zauber umstrickend. — — — —

Der Erfolg des Festspiels war außer Frage gestellt; triumphirend erhob sich die Kurfürstin und sandte ihrem Gemahle einen stolzen Blick zu. Dieser mußte ja nun niedergeschmettert sein und überzeugt, daß seine erhabene Gemahlin Recht habe, daß die Franzosen in allen Dingen Sieger über die deutschen Barbaren seien.

Aber Johann Wilhelm sah noch gar nicht sehr zerknirscht und besiegt aus. Mit leichtem Lächeln sich verbeugend, bat er, wenn die lieben Gäste durch schäumenden Wein und süßes Backwerk sich erfrischt hätten, nun auch seinerseits ihnen einen Kunstgenuß bieten zu dürfen; sie möchten dann selbst entscheiden, welcher der größere gewesen sei. Welch ein Erstaunen das hervorrief! Die schwellenden rothen Lippen der Damen nippten kaum an dem prickelnden Weine, naschten in größter Eile von den gebotenen Süßigkeiten, war man doch gar zu gespannt auf das Kommende. Die Frau Kurfürstin aber schwelgte in unbekümmerter Ruhe im Gefühl ihres Triumphes; die „fêtes de l'Amour et de Bachus" konnten durch nichts übertroffen werden, das stand zweifellos fest. Außerdem hatte sie nirgends eine Vorbereitung zu etwas Außergewöhnlichem bemerkt, und sie fand es im Stillen recht lächerlich von ihrem erhabenen Gatten, nach dem französischen Festspiele mit irgend einer Kleinigkeit kommen zu wollen.

Aber sie hatte die Rechnung ohne den Ehewirth gemacht! —

Als die silberstrotzenden Lakaien mit den prächtigen Schalen und Weinkaraffen verschwunden waren, drängte wieder Alles dem Vorhange zu; aber der Kurfürst wehrte lächelnd ab. „Um des versprochenen Genusses theilhaftig zu werden, müssen wir eine kleine Promenade machen," sagte er und führte die erstaunten Gäste aus dem Saale hinaus über den Corridor in die matterleuchtete Schloßkapelle. Der Fremde, den man zu Anfang des Abends an des Kurfürsten Seite gesehen hatte, war verschwunden.

Da zog sich auf manch weißer Frauenstirn ein drohendes Ungewitter zusammen; aus dem herrlichen, schimmernden Saale in die düstere Kirche — welch ein Tausch! Welch eine unbegreifliche Laune des fürstlichen Gebieters! Nur Eine wagte indeß ihre Verstimmung zu zeigen, und das war die Kurfürstin. Mit großer Ostentation zog sie fröstelnd die seidene Contouche um die schneeweißen Schultern und ließ sich steif in einen Kirchenstuhl nieder, welch letzterem Beispiel alsbald die Gäste folgten. Der Kurfürst lehnte an einer Säule, wo er den Beobachter spielen konnte.

Und nun erklangen plötzlich Orgeltöne; bald leise und süß wie Nachtigallenschlag, bald brausend wie die Wogen eines mächtigen Stromes, bald weich und lieblich wie fernherklingende Engelchöre, bald drohend und dröhnend wie die Donner des Gerichtes. Diese Musik, mächtig wie keine, malte ein Bild des Lebens, des Lebens mit seinem Sonnenschein, mit seinen Stürmen. In Sonnenglanz getaucht lag das Land der Jugend, durchzittert von tausend lockenden Stimmen, von tausend jubilirenden Weisen. Die Liebe nahte mit ihren süßen Rosen, mit ihren scharfen Dornen, mit ihren schönen Hoffnungen und bitteren Täuschungen. Aber weiter! Der Himmel trübte sich, drohende Wolken stiegen auf, es kam der Schmerz und die graue Sorge, die Eine klopfte mit knöchernem Finger an's Herz, daß es nimmer und nirgend Ruhe fand, der Andere legte seine schwere Hand darauf, als wolle er es ersticken. Die Jahre trugen Steine in das Menschenherz und hatten selbst Blei an den Flügeln. Wilder und wilder tobte der Kampf des Lebens, ein rasendes Ungewitter zerbrach die letzte Kraft, den letzten Muth und das Herz zugleich. — Da horch — weiche Töne, wie auf Flügeln der Seraphim getragen, Glockenklingen, Klänge des Friedens. Und aus Nebel und Wolken stieg im Regenbogenschimmer das selige Land der Verheißung auf.

O erhabene Kunst, welche uns solche Bilder vor die Augen der Seele führen kann!

In ihrem Zauberbanne gefangen hielt sie die prunkende Versammlung, welche soeben noch an schimmernden Nichtigkeiten sich ergötzt, leichtfertige Scherze und Lieder belächelt und bejubelt hatte. Hier, das fühlten Alle, sprach eine höhere Stimme, in diesem Spiel lag die ganze Wunderweihe der Töne, deren höchster Zweck es ist, über alles Irdische hinaus in verklärte Regionen zu versetzen. Der Eindruck war übergewaltig; die Männer waren tiefbewegt und die Frauen schluchzten vor Erregung und Rührung. Die Frau Kurfürstin hielt ihren Gemahl umfangen und weinte an seinem Halse. Verflogen war der Puderduft der französischen Kunst, hier wehte Luft aus reinen Himmelshöhen. Und wer war der Orgelspieler, welcher die deutsche Musik zu einem so glänzenden Siege geführt? Er nannte sich Georg Friedrich Händel. [53] —

IX.
Das erste Musikfest.

*

„Fängt die Sonne an zu stechen,
Tapfer schießen Gras und Kräuter
Und die Bäume schlagen aus:
Muß des Feind's Gewalt zerbrechen,
Nimmt der Winter schnell Reißaus!
Erd' und Himmel glänzen heiter,
Und wir Musikanten fahren
Lustig auf dem Rhein hinunter,
Trommeln, pfeifen, geigen, blasen,
Und die Hörner klingen munter!"

(Eichendorff.)

Der Lenz war früh gekommen im Jahre des Herrn 1818; der junge Mai zählte erst zehn Tage und schon kränzte er die Erde mit seinem lieblichsten Schmuck. Die Bäume blühten und in den Gebüschen des Hofgartens schlugen die Nachtigallen.

Aber diese Kammersängerinnen des Königs Lenz hatten in diesem Jahre eine ernsthafte und nicht zu unterschätzende Concurrenz bekommen; neben dem Gesangfeste, das sie alljährlich ihrem blumengekrönten und blumenspendenden Herrscher gaben, bereiteten auch die Menschen ein Fest des Gesanges, und sangen mit den Vögeln um die Wette.

Als noch des Winters Schnee auf Feld und Fluren lag, da trat eine Anzahl Kunstsinniger aus Düsseldorf und der Nachbarstadt Elberfeld zusammen und sie schlossen eine Vereinigung zur Abhaltung der Niederrheinischen Musikfeste in den Pfingsttagen. Zwei Männer besonders machten sich um diesen Bund verdient: die Musikdirektoren Schornstein in Elberfeld, Burgmüller in Düsseldorf. Des Ersteren hoffen wir an einer andern Stelle eingehend zu gedenken, seine Verdienste gebührend würdigen zu können; in unserer vorliegenden Schrift, in welcher wir es besonders mit Düsseldorf zu thun haben, wollen wir uns vorerst mit dem Letzteren beschäftigen.

Burgmüller [54]) war in Magdeburg geboren; er widmete sich der Musik und kam nach mannigfachen Schicksalen als Direktor eines Theaterorchesters an den Rhein. Sowohl die große Tüchtigkeit in seinem Fache, als die freie, heitere Art und Weise, das Leben zu nehmen, welche den Rheinländern sympathisch war, machten ihn allerwärts beliebt und verschafften ihm die Stellung des städtischen Musikdirektors in Düsseldorf. Natürlich war dies Amt nicht reich genug dotirt, um davon zu leben;

er mußte sich daher bequemen, Musikunterricht zu geben. Er kam als
Lehrer in das Haus des Freiherrn von Sandt, wo er den Töchtern
Klavierstunde ertheilte. Zu der jüngsten faßte der feurige, lebendige
Künstler eine leidenschaftliche Neigung, welche von dem Fräulein erwidert
wurde. Das Paar war bald einig, einen Bund für das Leben zu
schließen. Als man im Hause des Freiherrn davon erfuhr, herrschte dort
die größte Empörung. Dem Musiker wurde die Thür gewiesen, die
Tochter schickte man in ein Kloster. Aber diese erzwungene Trennung
hob das geheime Einverständniß nicht auf. Der Musiklehrer entführte
das Fräulein von Sandt; so wurde das Jawort der Eltern erreicht und
die Hochzeit gefeiert.

Burgmüller war noch ein Musikant aus der alten Schule; klug,
trefflichen Herzens, lustig, toll. Für seine Kunst und deren Ausübung
beseelte ihn ein wahrer Feuereifer. Der Plan, Musikfeste zu feiern, ist
besonders in seinem Kopfe entstanden, und die Ausführung ist hauptsächlich
ihm zu danken. Er wurde dabei vortrefflich unterstützt durch die mit
schönen Stimmen begabten und lebhaft für die Sache eingenommenen
Herren von Worringen und Wetschky, welche auch für das geplante Fest
die Solopartieen übernahmen. Und so wurde denn wirklich am 10. und
11. Mai 1818 das erste Niederrheinische Musikfest in Düsseldorf gefeiert.

Die Stadt befand sich in fieberhafter Aufregung, und der Becker'sche
Saal vermochte kaum die Anzahl Derer zu fassen, welche sich begierig
hinzudrängten, an der niegekannten, schönen Feier theilzunehmen.

Zur Aufführung kamen zwei Oratorien; am ersten Tage „Die
Jahreszeiten", am zweiten „Die Schöpfung" von Haydn. Der
Erfolg war über alle Beschreibung; das Publikum lachte und weinte und
jubelte. Es war ein großes Familienfest, welches Jedem am Herzen
lag, an dem Jeder direkten Antheil nahm.

Wir können den Chören, welche, aus 209 Stimmen zusammengesetzt,
so maienfrisch ihr „Komm', holder Lenz" hinausjubelten, mit solch weihe-
voller Innigkeit ihr „Die Himmel erzählen die Ehre Gottes" sangen,
nicht mehr lauschen, aber wir können doch Allerlei von diesem ersten
Musikfeste erfahren, wenn wir uns in das kleine Stübchen hinter dem
Becker'schen Saale hineinschmuggeln.

Zu später Nachtstunde, als „der Schwarm sich verlaufen", hatte
sich hier eine Gesellschaft um einen runden Tisch zusammengefunden.
Da saß die kolossale Gestalt Burgmüllers, da saßen Worringen und
Wetschky, Fischer aus Köln, welcher die Baßsoli zum Theil gesungen

hatte, Heidenreich aus Wien, Olbrich und Schornstein aus Elberfeld, Ludwig Berger [55]) aus Berlin und viele Kunstfreunde aus den beiden Bundesstädten.

„Nun eilet froh der Ackersmann", ließ sich, in fröhlicher Erinnerung singend, ein Dilettant vernehmen, wurde aber schnell von Fischer zur Ruhe verwiesen, welcher rief: „Still, um Gotteswillen! Sie pfuschen mir ja in's Handwerk, und es war auch nicht ganz rein! Nehmen Sie sich in Acht, in solchen Dingen versteht unser gutmüthiger Burgmüller keinen Spaß!"

„Nein, nein, da ist er fürchterlich!" stimmte Worringen bei, „man denke nur an das verstimmte Klavier."

„Was war's denn damit?" fragte Heidenreich, und Worringen erzählte: „Eines Abends begab sich unser Musikdirektor aus dem Wein= haus. Zwei Offiziere, die nach ihm die Stube verließen, fanden ihn noch auf der Straße, wie er mit dem Fuße eifrig auf der Erde herum= scharrte. Sie fragten, was er suche. Er antwortete: einen Stein! Zu gleicher Zeit hörten sie im zweiten Stock des nächsten Hauses die Töne eines sehr verstimmten Klaviers und einen jämmerlich falschen Gesang. Einer der jungen Leute fand einen gewaltigen Pflasterstein und gab ihn dem Musiker, der ihn sofort mit der größten Sicherheit in das heller= leuchtete Zimmer warf, aus welchem die Töne erklangen. Die Scheiben klirrten zerbrochen auf die Straße und oben ließ sich Geschrei vernehmen. Burgmüller rief ihnen mit phlegmatischer Seelenruhe zu, sie möchten ihr Klavier stimmen lassen, und schlenderte nach Hause." [56])

Alles lachte; selbst Burgmüller stimmte mit ein, sagte dann aber: „Schweigt von solch unsinnigen Sachen, der heutige Abend ist zu feierlich dazu. Wir wollen uns lieber von Heidenreich erzählen lassen, welcher einer Aufführung der „Schöpfung" in Gegenwart Haydn's beigewohnt hat."

Diese Worte riefen allgemeine Verwunderung hervor, und unwill= kürlich rückte Jeder näher an den Wiener heran und lauschte mit gespannter Erwartung.

„Es war im Jahre 1808, also genau vor zehn Jahren, da bereitet, ein Verein von Künstlern und Kunstfreunden, zu welch letzteren zu zählen auch ich die Ehre hatte, ein Concert zur Vorfeier von Haydn's 76sten Geburtstage vor. Die ganze Aristokratie betheiligte sich daran, theilweise aktiv, Salieri dirigirte. Der Festsaal war feenhaft geschmückt und erleuchtete das herrliche Werk erhielt in jeder Weise einen würdigen Rahmen. Als Alle versammelt waren, öffnete sich die Flügelthür und der silberhaarige

Meister ward in einer prächtigen Sänfte in den Saal getragen; Fürsten, Prinzen, Herzöge schritten zu beiden Seiten derselben und über den Greis neigte sich ein unsterblicher Heros: Ludwig van Beethoven. Man fürchtete, es möchte Haydn zu kühl in dem großen Raume sein, da gaben die Damen ihre herrlich gestickten Hüllen zu seinem Schutze, und keine Spitze war zu kostbar, seine Füße damit zu bedecken. Die Aufführung gelang wunderbar! Als heute, meine lieben rheinischen Freunde, Dank Eurer Mühe, Euren Sorgen und Arbeiten, die „Schöpfung" in ihrer ganzen majestätischen Schönheit an mir vorüber brauste, da gedachte ich jenes Abends und des mir ewig unvergeßlichen Augenblicks, als Haydn, nachdem das: Es werde Licht! Und es ward Licht! erklungen, ausrief: »Nicht ich — ein Höherer hat das gemacht!«"

Die Rührung erstickte seine Stimme; dem weichmüthigen Burgmüller flossen die Thränen über die Wangen herab und eine Weile herrschte feierliche Stille.

Ludwig Berger unterbrach dieselbe endlich, sich in seiner liebens= würdig einfachen Weise an Heidenreich wendend: „Sie haben uns von einem Künstler erzählt, der im Abendroth des Lebens stand, den nun schon der unerbittliche Tod uns entrissen; mich drängt es, von einem Knaben zu sprechen, den noch helles Morgenroth umschimmert, der aber, täuscht mich nicht Alles, auf des Lebens Sonnenhöhe angelangt, der großen Meister Einer sein wird.

Ich habe in Berlin einen Schüler, der neun Jahre zählt und Felix Mendelssohn heißt. Wenn jemals die liebe Frau Musika sich einen berufenen Jünger gewählt hat, so ist es dieser. Das Kind lernt spielend und mit einer Auffassung, die mich, seinen Lehrer, manchmal beschämt. Es ist eine Frische der Gedanken in ihm, eine Tiefe der Empfindung, die sich seltsam mit der reinen Kindlichkeit seines Gemüthes paaren. Dabei besitzt der Knabe eine an's Wunderbare grenzende Gedächtnißschärfe; spiele ich ihm eine Stelle aus einer Sinfonie, so setzt er sich an's Klavier und giebt mir diese Stelle in einer kleinen Phantasie wieder, welche nicht nur jede Note enthält, sondern auch den Charakter derselben in dem Hinzugethanen getreulich wiederspiegelt. Mein kleiner Schüler componirt auch schon; Sonaten hat er geschrieben und ein Trio, welches in seinem eigenen Familienkreise aufgeführt und von ihm geleitet wurde. Und das Schönste ist, daß Felix gar nichts von einem Wunderkinde an sich hat, sondern sich seine quellfrische Natürlichkeit bewahrt. Sie belächeln meinen

Enthusiasmus! Aber wahrlich, ich liebe diesen Knaben, und über seiner Kinderstirn sehe ich leuchtend den Stern des Ruhmes schweben!"

„Deinen Enthusiasmus belächeln?! theurer Berger," rief Schornstein; „Gott behüte uns vor einem solchen Barbarenthum!"

Burgmüller aber erhob sich und sagte, sein Glas ergreifend: „Der Morgen scheint in's Fenster, Freunde. Ehe wir auseinandergehen, lasset uns trinken auf das Wohl jenes Knaben. Hoch lebe Felix, der Glück- liche! Möge ihm die Zukunft halten, was die Gegenwart verspricht: möge er groß werden in der Kunst, möge er dadurch selbst glücklich sein und die Welt beglücken!"

Hellen Klanges tönten die Gläser, und der erste Strahl der Sonne brach durch die Morgenwolken.

So schloß das erste Niederrheinische Musikfest. [57]

Die Jahre gingen dahin; noch waren nicht zwei Jahrzehnte ver- rauscht, da dirigirte auf dem siebenten Musikfeste in Düsseldorf Felix Mendelssohn am 22. Mai sein erstes großes Oratorium „Paulus", und dies Musikfest verbreitete seinen Ruhm durch die ganze Welt. —

Fünfzehn Niederrheinische Musikfeste hat Düsseldorf seitdem gefeiert; die größten Künstler und Künstlerinnen haben dabei mitgewirkt, die be- rühmtesten Dirigenten haben den Feldherrnstab geschwungen, die herrlichsten Kunstwerke sind im goldenen Rahmen einer Massen-Aufführung wiederge- geben, und Tausende haben sich dabei am ewigen Wunderbronnen der Musik gelabt. [58] Düsseldorf hat seinen Ruhm als Künstlerstadt auch in dieser Richtung gefestigt. Wenn es nun jetzt seinen Lockruf wiederum erschallen läßt und uns sagt, daß unter Leitung des berühmten Wiener Kapellmeisters Hans Richter, dessen Taktstock selbst im Lande des kühlen Verstandes „Wasser aus dem Felsen schlug", unter der Direktion des oftbewährten verdienstvollen städtischen Kapellmeisters Julius Tausch, das Musikfest gefeiert werden soll, daß das Programm großartige Schöpfungen, das Verzeichniß der Mitwirkenden die gefeiertsten Namen nennt, wer vermöchte da zu widerstehen? Eugen d'Albert wird spielen, Rosa Sucher, Hermine Spieß, Heinrich Gudehus, Joseph Plank werden mit den süßesten Tönen ihrer Kehlen das Fest verherrlichen; wer ließe sich da fern halten?!

Der Mai drückt Jedem so gerne den Wanderstab in die Hand; „da bleibe, wer Lust hat, mit Sorgen zu Haus!" und „wer weiß, wo in der Ferne das Glück Dir noch blüht!" so flüstert er kosend und bestreut uns lächelnd den Weg mit jungen Rosen. Und der Rhein rauscht dazu sein lockendes Lied, die Wellen singen: „Das Alles beut der prächt'ge Rhein an seinem Rebenstrand!"

Und da beschließen wir denn unsere Wanderung durch ferne Jahrhunderte, auf welcher uns die Frau Musika sicher bis in die Gegenwart geleitet hat, lassen unsere holdselige Führerin bei den freundlichen Lesern anklopfen, wie einst Frau Aventiure es bei dem tugendlichen Sänger Wolfram von Eschenbach that, und gleich Jener sprechen: „Thu' auf, ich will in's Herze hin zu Dir!" und rüsten unser Bündel zur Pfingstfahrt.

Als Festgruß wünschen wir dem Musikleben in Düsseldorf, dessen Pulsschlag wir belauscht haben seit den Zeiten, da Christi Kreuz seine ersten Siege im Rheinland erfocht, ein fröhliches Blühen und Gedeihen und rufen, in unserm Büchlein das Ende an den Anfang knüpfend, allen unsern lieben Festgenossen und schönen Festgenossinnen zu:

> „Laß nur zu Deines Herzens Thoren
> Der Pfingsten vollen Segen ein!
> Getrost, und Du wirst neugeboren
> Aus Geist und Feuerflammen sein!"

Anmerkungen.

[1]) Das in vorstehenden Blättern Mitgetheilte ist aus Urkunden und Manuscripten geschöpft. Alles vermeidend, soweit dies möglich war, was in Sage und Geschichte Düsseldorfs bekannt, wird hauptsächlich nur bis jetzt Ungedrucktes geboten. —

[2]) Gerichsheim, jetzt Gerresheim, eine von dem frommen Franken Gerich gestiftete Abtei. Regenbierg, die Tochter des Stifters, war um 874 dort Aebtissin.

[3]) Die Kreuzkapelle lag ungefähr 600 Schritt von der unten benannten Kapelle entfernt, weiter aufwärts an der Düssel, besaß ein wunderthätiges Marienbild und ein Hospital zur Aufnahme der Kranken.

[4]) Die Chronisten sind nicht einig darüber, ob die Kapelle zu der schon vier Jahrhunderte bestehenden Kirche zu Bilk oder zu der in Kaiserswerth gehörte.

[5]) Regionis Chron. bei Pertz, Monumenta I. 594. Meibom I. 739. Pistorius I. 105.

[6]) Notker Balbulus, d. i. Stotterer, welcher das bekannte Lied schrieb: „Media vita in morte sumus.“

[7]) Früheste Form der Geige.

[8]) Diese kleine Kirche, deren Reste noch theilweise zu erkennen sind, ist der Ursprung der jetzigen Lamberti-Kirche, welche damals nur aus dem jetzigen Chor bestand, von welchem der Thurm getrennt war.

[9]) Rudolph von Deutz, gelehrter Bischof, Zeitgenosse von Albertus magnus.

[10]) Der Benediktinermönch Guido von Arezzo wandte ungefähr zuerst den mehrstimmigen Kirchengesang an, erfand die berühmte „Guidonische Hand“ und errichtete an verschiedenen Orten Musikschulen; geb. 995, starb am 17. Mai 1050.

[11]) Naumann, Musikgeschichte.

[12]) Die Uebertragungsurkunde existirt noch und datirt vom Jahre 1189.

[13]) Es ist wohl überflüssig, auf die Bedeutung Franko's, der die Tonzeichen erfand und den diaphonalen Gesang vervollkommnete, hier näher einzugehen. Das über ihn schwebende Dunkel ist durch Coussemaker's Forschungen bedeutend gelichtet.

[14]) Jongleurs et Menetriers nannte man alle diejenigen, welche aus der Musik oder Poesie ein Gewerbe machten; Troubadours dagegen die, welche sich mit der Kunstpoesie beschäftigten. Guirant Riquier, den man den König der Troubadoure nannte, richtete an Alphons von Castilien die Bittschrift, in welcher er um Feststellung der Unterschiede in der Bezeichnung der Jongleurs und Troubadours bat. Sie heißt: Aiso es suplicatio, que fes Gr. Riquier al rey de Castela per le nom dels joglars, l'an LXXIIII.

¹⁵) Aus „Contr 'amor e pensamen" Ms. von dem Minnesänger Perdigon.

¹⁶) Marguérite de Cabestaing war eine der berühmtesten Schönheiten Frankreichs; sie hielt sich einen ganzen Sängerhof und wurde in vielen Liedern und Gesängen als „Minnekönigin" verherrlicht.

¹⁷) Adam de la Hale schrieb das erste größere dramatische Hirtengedicht, gleichsam die erste komische Oper „Jus de robin et Marion" (Naumann, Musikgeschichte).

¹⁸) Eins der schönsten Lieder von Jean Esteve, welches die Verfasserin, um Nachsicht bittend, ins Deutsche übertragen, einflicht.

¹⁹) Eine, einer Kapuze ähnliche Kopfbedeckung; die vermuthliche Vorgängerin der Gugel.

²⁰) Diese Lieder gehören zu denen, von denen es gewöhnlich heißt: Verfasser unbekannt. Nach eingehenden Forschungen sind sie auf den in den Jahren 1270 bis 1283 in Düsseldorf lebenden Jean Esteve zurückzuführen.

Aus dem ersten ist unverkennbar Zuccalmaglio's Rheinisches Volkslied „Von allen schönen Kindern auf der Welt" entstanden; das zweite enthält Anklänge an „Es steht ein Baum im Odenwald".

²¹) Das Sirventes wurde in drei Abtheilungen eingetheilt: in das politische, moralische und persönliche; sein Zweck ist, einem Regenten, einem Lande oder einer Person ungeschminkte Wahrheit zu sagen und dadurch irgend einen Zweck zu erreichen: zu einem Kriege oder Kreuzzuge anzufeuern, einem Uebelstande Abhülfe, einer bösen That Sühne zu verschaffen. Z. B. singt Guillem Anelier von Toulouse:

„Ganz dem Dienst des Herrn ergeben,
Der Erlösung uns erwarb,
Schmerzvoll an dem Kreuze starb.
Sag' ich Wahrheit ohne Beben."

(IV 271.)

und Bertran de Born:

„Da sich die Freiherrn härmen und sich grämen,
Verstimmt von beider Kön'ge Friedensschluß.
Dicht' ein Sirventes ich, wenn sie's vernehmen,
Es unbedingt zum Krieg sie reizen muß!"

(IV. 170.)

²²) Der Sieg kostete große Opfer; über die Anzahl der Getödteten fehlt eine genaue Angabe. Die kleine Chronik von Trier sagt: „Und bleuen da doit me dan VIII c man van beider syden."

²³) In der Rheinchronik Ottokars von Horneck heißt es, daß man den Erzbischof in ain chemenaten gesetzet und nur zum Essen und Trinken ihm Helm und Handschuh abgenommen habe.

²⁴) Lacomblet, III. Band, erstes Heft, Nr. 24.

²⁵) Es ist nicht bestimmt festzustellen, wann dieser Bau begonnen wurde; vor dem Jahre 1308 ist niemals die Rede in einer Urkunde von einem Schlosse oder Castrum in Düsseldorf. Auf der ehemaligen Domaine Arnolds von Tiverne muß ein größerer Edelhof gelegen haben, welcher den Grafen und ihren Gemahlinnen zum Aufenthaltsorte diente.

[26]) „In demselben Jar (1394) gieng der Ablaß und Römerfarth an zu Düsseldorf, das da liegt im Niederland und ist des Hertzogen von dem Berg. Und war
das von Gnaden Bonifacius IX Pabst zu Rom. Und ward da ein gar groß
Zulauff." (Limburger Chronik.)

[27]) Guillaume Machaut, 1284 bei Rethel in der Champagne geboren,
führte als berühmter Dichter und Componist ein Wanderleben in Diensten
Johanna's von Navarra, Johanns von Lützelburg, Königs von Böhmen; zuletzt
wurde er als Geheimsecretair Johanns von Frankreich in Paris seßhaft. Er
erreichte fast sein hundertstes Lebensjahr.

[28]) „Waren allda aber groß Aergerniß unde Unheil; indeme sie ein Weibs-
bild einfingen, schön von Gestalt und lieblich von Stimme, welches sie als eine
Hexe verdammeten und in Thurmb werfeten." (L. Chronik.)

[29]) In seinem Buche heißt es unter Anderem: „Ich kenne Weiber in
meiner Nachbarschaft, welche versicherten, wie sie Nachts in der Versammlung der
Hexen mit schnellem Fluge über dem Meere schwebten und die Welt durcheilten" u. s. w.

[30]) Das Memoirenbuch des Canonichenstiftes, eine Pergament=Handschrift,
welche im vierzehnten Jahrhundert angelegt ist, nennt für die Zeit 1394—1402
Heinrich von der Wupper als Dechanten, Werner von Spee als Priester. Es ist
wohl anzunehmen, daß Letzterer aus derselben Familie stammte wie der berühmte
Bekämpfer des Hexenwahns, Friedrich von Spee, welcher 1591 zu Kaiserswerth
geboren wurde. Nach einen dritten Streiter in dem entsetzlichen Kampfe gegen
den Glauben an Hexen und Zauberer besaß die Stadt Düsseldorf in Dr. Johann
Weyer, geb. 1515, Leibarzt des Herzogs Wilhelm.

[31]) Die Soester schrieben ihm: „Wetet, Biscop Dederich, dat wy den
vesten Junker Johann van Cleve lyver hebbet als Juwe, unde werdet Juwe
hiemet afseggt."

[32]) Componirt von Fortunatus.

[33]) Der sehr lesenswerthe Bericht ist in Lacomblet's Archiv V. Band, erstes
Heft enthalten. Er beginnt „Anno domini 1541, off maendach den 11. Aprilis
des auents gegen die Nacht, ist der durchluchtig hochgeborener Fürst und Her,
Her Wilhelm, Herzotgh zu Guylich, Gelve, Cleue und Berghe, Graue zu der
Marck Zültphen und Rauenssbergh, Her zu Rauenstein nach genommenen abscheit
von syner f. g. frow moder von Hamboich kloppers und postgewyse vßgereden.
Und am Gundestage den XX. Aprilis mit wenich perden und luyden unbekannt-
licher wyse binnen Pariß gekommen."

Die Unterschrift lautet:

„Myns gned. Fürsten und Heren reise in Frankreich, 1541.
To eygen handen des
Herrn Cantzlers Olist."

[34]) „Syn gnaden was uf des koenings Pallas gelogiret" u. s. w.

[35]) „un is syner gnaden allerley kurtzwylich spill mit Schallmayen, Seyten-
spill und gesang gor heerlich zugerichtet gewest."

[36]) Conrad von Heresbach, am 2. August 1496 geboren. Der Streit, ob
sein Name Heresmann oder Heresbach, ist wohl zu Gunsten des letztern durch sein
Wappen entschieden, auf welchem ein Hirsch aus einem Bache trinkt. Nach

längerem Besuche französischer und englischer Hochschulen wurde der berühmte
Gelehrte Erzieher des Prinzen Wilhelm und herzoglicher Rath am Hofe zu
Düsseldorf, wo er bis zum Jahre 1534 blieb.

[37]) Bereits unter Nr. 30 erwähnt.

[38]) Gerhard Craemer, genannt Mercator, lebte in Düsseldorf als Lehrer der
Mathematik, Kartenzeichner und Kupferstecher. Schrieb auch mehrere Werke über
Erdbeschreibung und Erdkunde. Geb. 5. März 1512, starb 2. Dec. 1594.

[39]) Bekanntlich veranlaßte dies Bild den König von England, sich mit Anna
zu vermählen.

[40]) Andrea Gabrieli, geb. 1510, gest. 1585, war ein Meister, der sich
besonders durch die glänzenden coloristischen Wirkungen seiner Doppelchöre berühmt
machte. Er erweiterte den zweichörigen Styl in einer großen Anzahl von Compositionen zu einem dreichörigen. Unter den 67 seiner bedeutendsten Werke glänzt
besonders das Magnificat hervor.

[41]) Hadrian Willaert, Lehrer des Vorigen, geb. zu Brügge, lebte bis zu
seinem 25. Jahre bei Denen durch die Pflege der Wissenschaften und Künste
berühmten Fraterherren in Münster. Er wurde 1527 Kapellmeister an der
Markuskirche in Venedig, und starb daselbst 1563.

[42]) Das Ringrennen (so auf der Tornierbahn, ausserhalb der Stadt
Düsseldorf, bei einem Hauß unde Baumgarten auf einem gar lüstigen Plan zu
Pempelfuhrt geheissen) ist gehalten worden

> „Anttweilich war hier anzusehen
> Ein berg auf dieser platz umbgehen
> Mitt Orpheus, vill thier und musid
> Gar kunstrich er war zugelid."
> Graminilus.

[43]) Eine blaue, von grünem Haar umgebene Blume, Nigella, oder „Braut
in Haaren" genannt, hieß im sechszehnten und siebzehnten Jahrhundert nach Aus-
sage alter Kräuterbücher „Schab ab." Gab ein Mädchen sie, war es gleich-
bedeutend mit einem Korbe.

[44]) Liebeslied von Hans Leo Haßler 1564—1612.

[45]) Strauven sagt darüber: Der benannte Aegidius Hennius fungirte,
ohne ständigen Wohnsitz in Düsseldorf, als Superattendent der fürstlichen Hofmusik.

[46]) Der Maler Francesco Rugia, welcher zu gleicher Zeit als Hofmaler
am kurfürstlichen Hofe war, und dem der Kurfürst unterm 4. Juni 1632
bescheinigt, er habe sich „ehrlich und in Verfertigung unterschiedlicher hier von
Unß anbefohlener Schilderei und Stückchen zu Unßerm gnädigsten contento ver-
halten", liefert in einem Briefe einen interessanten Bericht über das Kunstleben
in Düsseldorf. Aus derselben Zeit datiren die Briefe von P. P. Rubens an
Wolfgang Wilhelm.

[47]) Die älteste Pfeiferinnung bestand 1288 in Wien unter dem Namen der
Nikolai-Bruderschaft. Nachdem verbreiteten sich dieselben über ganz Deutschland.
Die letzten bestanden Anfang dieses Jahrhunderts noch; die letzten Pfeifertage
wurden im vorigen Jahrhundert im Elsaß gehalten.

Der „Pfeiferkönig" war sehr angesehen; sie hatten die Oberaufsicht über die
Spielleute einer ganzen Gegend zu führen. Er war auch verpflichtet, dafür zu

forgen, „daß kein Spielmann, der sey eyn pfeifer, trummenschläger, geiger, zinkhen=
bläser oder was die sonsten für spiel oder kurtzwehl treiben khennen, weder in
Stätten, Dörffern oder Flecken auch sunst zu offenen Dentzen, gesellschafften, ge=
meinschafften, schießen oder andern khurtzweylen nit soll zugelaßen oder geduldet
werden, er seye denn zuvor in die Bruderschaft uff= und angenomben."

⁴⁸) Schon in einer Urkunde von 1428 wird von drei Gärten „vor der
Ratinger Porzen" gesprochen.

⁴⁹) Nach der Originalhandschrift übertragen.

⁵⁰) Mit 17 Jahren wurde Lully bereits unter die Königlichen Geiger auf=
genommen und mit 19 Jahren wurde ihm ein Geigerchor unterstellt, er erhielt
den Titel: „Chef des vingt-quatre petits violons." Er schrieb die Musik zu
vielen Komödien von Molière; zu seinen späteren Comédies-ballets dichtete ihm
gewöhnlich Quinault die Texte. Er starb 1687, während er wunderbar schön
das: „Il faut mourir pecheur" sang. Seine Musik blieb noch lange Modesache,
seine Opern erhielten sich über hundert Jahre auf dem Repertoir der französischen
großen Oper. (Naumann, Musikgeschichte.)

⁵¹) Die in diesem Kapitel erzählte Geschichte von dem Streite der französischen
und deutschen Musik und dem Siege der letzteren bei einem Hoffeste Johann
Wilhelms stammt aus einem ebenso interessanten, als ergötzlichen Briefe eines sich
in Düsseldorf zu damaliger Zeit aufhaltenden jungen Mannes, welcher die aus
der Heimath erhaltenen Warnungen, sich von dem französischen Geiste nicht um=
garnen zu lassen, mit dieser Erzählung beschwichtigt, und sich bei seiner Frau
Mutter damit „excüsiret", es werde solches Franzosenthum von der Frau Kurfürstin
„bestärket und encouragiret". Der Brief befand sich eine Zeit lang im Besitze
von Franz Liszt, dessen Güte Verfasserin einen Einblick in denselben und damit
die Kenntniß des damals Geschehenen verdankt.

⁵²) Johann Wilhelm war bekanntlich kein Freund der hochmüthigen Junker
und Edelleute; er zog ihnen bei jeder Gelegenheit die Bürger und Bauern vor.
Unzählige Geschichtchen coursiren noch heute darüber im Volksmunde, wie denn
überhaupt sich an wenige Herrschergestalten so viele Sagen und Legenden knüpfen,
wie an diesen Kurfürsten.

⁵³) Händel war wahrscheinlich damals auf seiner Rückreise von Italien be=
griffen. Er kehrte gleich nach dem Carneval 1710 von Venedig zurück und ging
nach Hannover, wo er zum Kapellmeister ernannt wurde.

⁵⁴) Burgmüller, der Componist hübscher Lieder, war ein trefflicher Lehrer
und vor Allem ausgezeichnet als Chor= und Orchester-Dirigent. Von seinen
Söhnen widmeten sich zwei, Friedrich und Norbert, der Musik. Letzterer, durch
zahlreiche Compositionen bekannt, starb zu Aachen 1836.

⁵⁵) Ludwig Berger, geb. zu Berlin 1777, gestorben daselbst 1839. Er war
der Lehrer Mendelssohn's und der Begründer eines Jüngerkreises (Mendels=
sohn, Adolf Henselt, Taubert, Fanny Hensel), den man auch als die classische
Klavierschule Berlin's bezeichnen könnte, umsomehr, da Berger's Methode auf der
Spielart Mozarts und seines Schülers Hummel fortbaute.

(Naumann, Musikgeschichte.)

[56]) Siehe Wolfgang Müller von Königswinter: „Karl Immermann und sein Kreis", pag. 92—93.

[57]) Die Beschreibung dieses ersten Musikfestes schöpfte Verfasserin aus einer mündlichen Mittheilung Ferdinand Hiller's.

[58]) Näher auf die einzelnen Musikfeste in Düsseldorf einzugehen, verbietet die Anlage des Buches. Verfasserin behält sich das für eine besondere Gelegenheit noch vor, und erinnert am Schlusse nochmals daran, daß in vorliegendem Werkchen hauptsächlich weiteren Kreisen Unbekanntes geboten werden sollte.

Inhalt.

Seite

Einleitung 3

  I. Dämmerung 7

 II. Die Geisterharfe 11

III. Zur Zeit der Minnesänger 15

 IV. Die Hexe 24

  V. Spielkäffer 29

 VI. Bis zum Tode 33

VII. Der Pfeiferkönig 40

VIII. Sranzöfisch — oder Deutsch? 48

 IX. Das erste Musikfest 55

Anmerkungen 61

Gedruckt bei August Bagel in Düsseldorf